牛込覚心

新たなる葬式の波

家族葬

国書刊行会

序

すでに全国的に〝寺檀《じだん》制度の崩壊〟論が叫ばれだして久しいが、都市部は都市部なりに、郡部は郡部なりに、小《しよう》寺院ほど、その食輪《じきりん》の逼迫《ひっぱく》の度合いが増幅して、苦悩の色は濃い。

その苦境は、宗旨宗派を問わずに押し寄せている。しかし、根本的な解決策は、どこにも示されていることはなく、地崩れの様相だけは日増しに強まっている。

地方での、農業との兼業寺院の住職からは、

「今年は一度も、曲彔《きょくろく》が立てられなかった（葬儀がなかった）」

などという声を聞く。

宗派としても、全日仏（全日本仏教会）としても、倒産してゆく小寺院に対して、一切の救いの手は差し延べようがないでいる。

郡部寺院の最大の苦悩は、地域の人口の急速な減少で、これは戦後以来の産業構造の変革からくるもので、一自治体をもってしても、どうすることもできないものであって、人口の減少には、歯どめはかからず、逆に拍車がかかっている。

人口の減少は、寺院の檀家が減少することでもあって、墓地に墓標は建ってはいても、誰も墓参のない〝無縁墓〟同様の墓石が、雑草の中に埋もれているだけの侘《わび》しい光景があるだけである。かつては「何々家先祖代々之墓」として、有力な檀家ではあった。けれども、現在では、家も田畑も捨て、都会に移住したきりで、家も、墓も、荒れるにまかせて、もう、とうてい、檀家とは呼べない。

そういう寺院自体も、後継者はなく、現住を最後に、無住寺院になることは、住職自身が覚悟をしている。無住のあとは、兼務寺院になるのか、無住のままか、あるいは廃寺になっていくのか、住職の心の中には、荒涼とした、荒れ寺の光景が浮かぶだけである。

寺院が、その地域の〝世話人〟の管理になると、見る間に、その寺院は荒《すさ》んでゆく。寺宝としての目ぼしいものは、すべて売却されて、寺の消失は、目に見えてわかっていくものである。

どちらにしても、現在の日本では、地方の郡部に陽が当たることはない。

一方、都会においての寺院はどうであろうか。人口は、都心からドーナツ状に分布しているが、中心部の人口は、ビジネス街としての昼間人口と、住宅としての夜間人口が極端に異なって、マンションが建って新住民が住んでも、しょせんは町内人口とはならない。

マンションで内では、コンクリートの壁一枚で、両隣に、どんな人間が住んでいるのか、互いに顔も知らない。利用するのは、コンビニか、ファミレス程度で、商店街は、これも見る間にシャッター通り化していく。マンション住民の多くは、インターネットでのショッピングになっている。日常の食品までが、オイシックスなどの、ネットショップでの買いものになっているのである。

こうした住民たちの中での寺院となると、檀家の多くは、郊外に引っ越している。町を歩きながら、「今日は」と、あいさつのできる旧住民、檀家の存在はほとんどないのである。とくに、東京の千代田・中央・港の三区は、もはや、人の住む町ではなくなった。ビルしか建っていないのだ。それも、タワーと称する高層ビルで、一般人の住める地価や、家賃ではないのである。

当然のことであるが、葬儀の事情も、大幅に異なってくる。かつてはあった、葬式組という、ご近所もないのである。

どだい、死に方が一大変貌を遂げている。

自宅での死などというものはない。病死（自然死）を前提にしても、ほとんどが病院での臨終なのである。

東京には住んではいても、〝菩提寺〟のない地方出身者の集合体が都会なのである。

病院には、三百六十五日、二十四時間の態勢で、葬儀社が待機している。病院待機の葬儀社でないときは、月掛けなどをしている互助会系の葬儀社ということになるが、どちらにしても急を要するのは、病床から、ストレッチャーに乗せ、民間救急のワゴン車に乗せることで、その時間は、臨終の修羅場から、一時間以内の慌ただしいできごとである。地方の、半ば音信不通化している菩提寺に電話をしたところで埒《らち》のあくことではない。東京に知りあいの寺院はない。そうなれば、葬儀社に、オンブにダッコの状態となり、ひたすら「よろしくお願いします」となって、葬儀をするための会場や、火葬場の時間取りという相談になる。火葬が一日延びるたびに、遺体の冷蔵保管代は、三万円ずつ嵩《かさ》んでいくのである。

自宅葬といっても、現在の住宅は間仕切りが多く、人寄せには向いていない。まして、マンションとなったら、エレベーターが小さくて、柩《ひつぎ》を寝かせて運び出すことなど、想定されてはいないから無理である。

とどのつまりは、葬儀社が経営している斎場、葬儀式場、セレモニーホールといったところに運ばれることになるのである。

そこから先は、死者である遺体にはわからないことであるが、システマチックな、葬儀ビジネスの世界に突入してゆく。

葬儀の料金は、建築、あるいはタクシーの料金と同じで、なにか一つ頼むたびに、料金メーターが騰《あが》っていくのである。一つひとつは細かい料金でも、それが積算されていくと大きな金額になるということでは、建築的である。

しかし、施主は、すべてに慣れていないことばかりである。最終的な金額には、請求書の明細金額はつじつまが合っていても、不透明感をいだいてしまうのである。

予算、見積もりと、あまりにも異なった金額が請求されるためだが、一つひとつの説明を受けると、たしかに、追加注文をしているのである。

まず、基本的に、弔問客の数は、施主にもつかみきれるものではない。

訃報《ふほう》や、会葬御礼のハガキの印刷代も、枚数も、とうてい、つかみきれるものではないのである。

死者にとっては今生《こんじょう》の別れである。知人という知人が、多少無理をしてでも弔問に訪れてくる。死者の生前のつきあいをすべて、急に知れと言うほうが無理なのである。死者の交際が多岐にわたっていればいるほど、遺族につかめるものではないのである。

遺族にとっては、死者への悲嘆など吹きとんでしまう。通夜・葬儀となっても、僧侶の読経の声すら耳に届かぬほど、遺族は、弔問客の応接に追われつづける。

葬儀が付随的にもっている社交性のためである。しかも、従であったはずの社交性が、主となっていき、遺族は、結果として、死者を悼《いた》むこともできない状況が現出していった。

社交性は、遺族らの経済事情や、将来性にまでかかわりのある重要なことだからで、それだからこそ、贈られた生花の名札の位置に、施主が一番心を砕くことになるのである。それは、宴会における席順のように、誰が大切かを如実に顕わしてしまうことだからで、遺族にとっては、やりきれないまでに、気苦労の多い切ない作業なのである。

東京では、相当に規模の大きい葬儀であっても、僧侶は独行《どくぎょう》、一人きりであることが圧倒的に多い。

特別な会場でないかぎり、斎場の大きさはほぼ決まっている。最近ではマイクや音響の設備も整っているために、独行が当然になっているのである。

これまでに述べてきた諸事情から、最近では、生前に、葬儀のことなどを調査して、慌てずにすむようにという気運が盛りあがってきて、遺言として、細かな葬儀のデータまでを書き遺す人が増えてきた。

それは、風潮といってもよい勢いとなって拡がってゆき、葬儀に、革命に似た風が吹き込んできた。

「俺は坊主として、墓守《はかもり》に徹する」

という境涯もあるだろう。

だが、境涯では、食輪《じきりん》は回転しない。光熱費もかかれば、飯も食う。小寺の経営は、まさに零細企業の経営者と変わらない。

小寺をどう相続するか。仏道で、商才は教えない。葬儀の変革は、小寺の命運にかかわる。

元来、寺院は、過当競争であった。そこに葬儀社や、霊園業者が強引に割り込んだ。すでに寺院の受けるパイは無いに等しい。

頼りの寺檀制度は、崩壊同然である。

さらに、葬儀に革命が起こっている。革命の名を、〝自由葬〟〝家族葬〟と呼んでいる。

それに対して、寺院や僧侶は、どう対処すべきなのか。大寺や、泰然自若とした境涯の人には、本書は読むに価しないかもしれない。しかし、コマネズミのように、葬儀に走り回っている小寺の僧侶には、重要この上ないこととして、筆を執ることとした。

欲張ったつもりはないが、結果的に、本書は、二者の読者に向けて発信をする役割を担《にな》ってしまった。

一者は、「家族葬」を出すための参考として一般読者であり、もう一者は、「家族葬」を執行《しぎょう》する僧侶および葬儀社という専門家の参考に資するものとなった。

これは自然の流れでそうなったもので、意図してなったわけではない。

一般読者に対しては、このようにしたら、「家族葬」は巧《うま》くできるというノウ・ハウ、ご案内の書になったと思うし、葬儀の原点を見直す、よい機会になるのではないかと思う。

僧侶および葬儀社の専門家には、「家族葬」という新しい葬儀の波に、対処するための、一つの形式として、「儀式」の執行のあり方の研究の資になってくれれば、これに勝《すぐ》るものはない。ご批判のあることは、もとより覚悟のうえである。宗旨宗派へのこだわりはない。

新たなる葬式の波　家族葬／目次

序　1

第一章　家族葬とは

1　ニーズから誕生した儀式　18
2　家族葬を行う理由　23
3　従来型葬儀の否定　30
4　家族の感情優先　37
5　宗教型と無宗教型　46
6　処理としての「家族葬」　52

第二章　従来型の葬法

1　没後作僧について　64
2　没後作僧と家族愛　71

3 家族愛での成仏とは 76
4 葬儀前・中・後の宗教のケア 87
5 遺族の希望 95

第三章 家族参加型儀式

1 参加型によって家族の心の整理をつける 108
2 家族葬における僧侶の役割 114
3 「六方礼経曼荼羅」について 122
4 『仏説六方礼経』略義 125
5 人間の死は生のフェード・アウト 136
6 ある経典 144

第四章 中有という考え方

1 今生、前生、次生、後生について 150

2 三有もしくは四有のこと 153

3 ご先祖 156

4 家族葬での家族力 164

5 宗教民俗学の立場から 175

第五章 葬儀の形式

1 四大制度 186

通夜の部 187 葬儀の部 193

2 墓制について 207

3 両墓制ということ 216

4 祭制としての供養 219

第六章 「家族葬」の一形式として

1 決定されていない「家族葬」の形式 226
2 本尊・故人を結ぶ五色の糸 231
3 「遺影式」 233
4 献灯 234
5 献花 234
6 「家族葬送法根本荘厳義」 235
7 『中有隘路救度祈願経』読誦 235
8 「大宝楼閣善住秘密根本陀羅尼」読経 236
9 『仏説六方礼経』読経 236
10 通夜回向文 236

第七章　「家族葬」葬儀法式要集私（独行）

通夜の部　240
葬儀の部　247

第一章　家族葬とは

1　ニーズから誕生した儀式

すでに、都会の葬儀事情については「序」で述べているが、その殺人的な繁雑さとスケジュールには、遺族が死者に殺されかねない。

「葬式は、親類と隣近所がなければスムーズにいく」

という俗諺があった。

これは、戦前および終戦直後の〝ムラ社会〟が健在であったころのことで、やはり社交性の繁雑さをさしてのことばであった。

しかし、現在は、ムラ社会から、カイシャ社会になっている。が、葬儀における社交性の煩《わずら》わしさは、変わってはいない。

なにごとも合理的な現代人である。この葬儀における煩わしさからの解放を企図した形式が、研究開発されたのである。

開発者は、葬家になるべきユーザー、市民の側である。

なにごとにおいても、ユーザーのニーズは王様である。葬儀においても、例外ではないのである。

「社交性を一切遮断した葬儀」

これなら本当に、死者を遺族もしくは家族が心から哀悼し、真の悲しみを、家族間で分かちあえる時間がもてる。

死者にとっても、家族にとっても、それこそが理想の葬儀の形である。葬儀にとって、いかに社交性が煩わしいか、しかし、遺族が生きていく以上、社会との交際を断絶するわけにはいかない。この社交性さえクリアーしたら、遺族にとって、葬儀はずいぶん楽になるのである。ユーザーのあいだから、ごく自然発生的に、市民のあいだから湧きあがってきたのが、〝自由葬〟であった。一九九一年十月五日、初の自然葬があった。遺骨を海山に撒《ま》く「散骨」ということから、「葬送の自由」ということが唱えられはじめたのである。

その状況をテレビが、何度もとりあげて放送した。マスコミがとりあげたことで、葬送の自由は〝正義〟になっていった。マスコミのスピーカー効果ほど恐いものはない。テレビを観た者は、それが「正しいこと」と認識してしまうのである。批判の眼は、ほとんどない。ダイエットがよい例である。「○○を食べると痩《や》せる」と放送されると、主婦たちは、いっせいに、それを買いに走るのである。

「私は、こんな葬式がしたい」

というのを、NHKの「ご近所の底力」で放送した（二〇〇四年六月十日放送「大解決！お葬式の不安」）。それも、視聴率がよかったのか、複数回にわたって放送された。この放送は『難問解決！ご近所の底力』（大和書房刊）という本にもなったことのある人気番組である。

これが、かなりの引きがねになっているはずである。〝自由葬〟という形式の定まっていなかったものが、「家族葬」という形式に、意見が収斂《しゅうれん》されていった。

「好きな音楽をかけて、家族だけに見守られた葬儀にしたい」とかける音楽までを、遺言書に書き込んでいる者まで現われたり、「この服を着て、柩《ひつぎ》に入りたい」と死に装束を指定する女性も出現した。

時を同じくして、「遺言書の書き方」（藤原義恭『あなたにピッタリの遺言書の書き方ケース別実例集―思い通りの遺言書が一人で書ける！』すばる舎刊、二〇〇一年九月）という書籍も売られた。参考までに求めてみると、法律的な面や、遺産の分配方式、法定相続人のことも述べられてあり、葬儀に関する欄のある書式が付録として付いていて、そこに細かく希望別に欄が作ってあって、いかにも書き込みやすくなっている。

〝お便利帳〟的な遺言用紙なのである。

葬儀で社交性をシャットアウトするのには、この「遺言」を盾《たて》に使うわけである。

「故人の遺志によって、葬儀は家族のみで挙げることに成りましたので、折角の御弔問は誠に不躾ながら、堅くご遠慮申し上げ、生前の御交誼には、略儀ながら、書面をもって厚く御礼を申し上げます。喪主　〇〇〇〇」

大略、以上のような書面を、あらかじめ用意してあった住所録の場所に配布するのである。

これでは、どんなに親しかった友人や、長年のビジネスパートナーでも、弔問にはいけないことになるのであった。

ただ、ここで大切なことは、その人物の死だけは確実に報知することができるので、葬儀の大切な要素の一つである「社会的な死の告知」は、充分に役割を果たすことになる。訃報《ふほう》の変形であるが、逆に、こちらが主流になることも、充分に考えられるのである。

これで、会場も小さなところですむし、ほぼ予算どおりの費用で、葬儀を挙げられるのである。

弔問客のない分だけ、香典は集まらないかもしれないが、飲食費や、香典返しのことを考えると、香典のことはプラス・マイナス・ゼロで、手間がかかることや、神経を煩わされないことを考慮すれば、固執すべきことでもない。

大手の葬儀社は、すでに、こうした「家族葬」が増加することを、計算ずみで、日常は「法事室」として用意していた小ぶりの部屋を「家族葬室」としている。

なかには、自宅の居間のような雰囲気をつくった「ファミリー葬」「リビング葬」といった用に供する「家族葬室」を用意している式場もある。

次のビジネスの形態を読んでのことである。

2　家族葬を行う理由

このことは、前節で既述していて、改めて一節を設ける必要はないのかもしれないのであるが、あえて言うなら、僧侶に対する、葬家の不満ということを述べておく必要があるだろう。

通夜・葬儀に、小一時間ずつ読経をしてゆくだけで、多額の布施を持っていくことに、不明朗なものを感じて、家族だけで喪送するのであったら、僧侶も読経も不用ではないか、という考え方が出てきている。

事実、僧侶は呼ばない、という葬家が増えている。

まして、遠くの親戚や、普段つきあいのない親戚を呼んでもしかたがない、という考え方で、核家族の家庭では、仏檀も神棚もないうえに、宗教行事は一切行っていない、事実上、無信仰、無宗教の家が、東京には実に多く、わが家の宗派も承知していないのである。

それが急に、仏教的になって、僧侶を呼び、読経をしてもらうといっても、心にしっくりとこなくなっているのである。

日常のなかに、仏教が根を下ろしていないのである。急に、木に竹を接ぐような話になっても、対応のしようがないのであった。

それに、成人すれば、他家の葬儀に、何度か弔問もしている。そのときに僧侶が唱えていた読経は、ひたすら退屈なだけであった。

「お経なのだから、ありがたいものなのだろうな」

とは思う。しかし、今、なんのために、この経典を読んでいるのか、解説があるわけではないから、わかりようがないのである。

解説しながら読誦してくれるような親切な僧侶はおらず、ひたすら、マニュアルどおりに経を唱えるだけである。

「このお経が、故人のどんな役に立つのだろう」

そう受け取られてもしかたのない面が、僧侶の側にもある。

（仏教的素養のない者に説明しても、わかるはずがない）

という考えが、僧侶にありはしないか。

現代は医師であっても、患者に、インフォームドコンセントというものがあって、症状の説明の要のある時代なのである。

わけのわからないものには、金員は支払いたくない、というのが現代人の本音である。

金を支払ったら、商品と領収書が欲しいのが現代人である。

すべてが明朗でないと嫌なのである。

日常のなかで仏教を説く。信仰を勧める。が、

「お経読んだら、どんな利益《とく》があるの？」

なんの得もないのだったら、テレビ観てるか、ゲームしていたほうがいい。ほぼ仏教不毛である。

僧侶のほうも、布教などしても無駄だ、と頭から思っているし、「僧侶も人間なの」と、人間であることを、正当化の理由にしているが、猿がお経を読むわけがないのである。

「人間だから」

という言い訳は、もうしないほうがいい。

人間だから、飯を食って、寝て、排泄をして、セックスをして、経典を読むのである。

いずれにしても、そんな〝普通の人間〟の読経など、葬儀だからといって急にあげてみてもしかたがない。

「死んだオヤジは、抹香臭いことが嫌いだったよ。それより、ジャズのCD、バンバンかけたほうが喜ぶよ。カウント・ベイシーないの?」

という意見に落ち着く。

したがって、宗教色のない「家族葬」となっていくのである。

釈迦の言う、末法であろう。

どちらにしても、煩わしいことを避けるために「家族葬」にしたのであるから、

「面倒なことは一切やめよう」

というタイプの「家族葬」が、一つの類型としてある。

徹底すれば、柩《きゅう》(祭)壇《だん》も作らない。

ほとんど形式は破壊されてしまう。

しかし、文化は形式である。儀式も形式である。その最高の儀式が葬儀である。み

んなで、形式を壊した。一度破壊したものは、元には戻らない。戻ると思っているのは幻想である。

日本人の民度が、その程度なのであると思うほかはない。僧侶も、民度の外にいるわけではない。

その結果のニーズとして、「家族葬」が誕生した。ニーズは王様であり、正義である。現代の王様は消費者《ユーザー》である。

宗教もニーズには勝てない。宗教があって、ニーズがあるわけではない。ニーズが宗教を維持しているのである。頑固な僧侶にはわからない。わからない者は、ニーズに敗北するだけである。小説も、音楽も、美術も、ニーズのうえに成立する。

インドで、バラモン教が堕落して、新しい宗教のニーズがあり、釈迦が仏教を創唱した。しかし、ヒンドゥー教と、イスラム教にニーズは移って、インドから仏教は消滅した。

ニーズは必要性であり、必要性は価値である。

今は、仏教よりも、ケータイ教である。そしてインターネット教である。これらのなかには必要なものがある。真髄は不明だ。真髄は、「時間」が決定してくれる。〝時間の残骸〟が歴史なのだろう。人は歴史から、なにも学ばない。目先のことが大切なのだろう。それの免罪として、歴史を装飾して書物にする。

ニーズのないものを〝無駄〟という。「私のお墓の前で　泣かないでください　そこに私はいません……千の風になって　あの大きな空を　吹きわたっています」という主題の曲（千の風になって）がヒットした。僧侶も無駄なのかもしれない。寺院も墓もだ。いくつかの有名寺院は、遺産として、歴史の恰好づけになって残るだろう。あとの寺院は要らない。墓の欲しい者には霊園がある。

人が死んだら、家族が送ればいい。

そういうことから、「家族葬」が誕生した。やがて、主流になる可能性もある。時代の風向きしだいである。

3　従来型葬儀の否定

従来型の葬儀の否定理由を挙げていくと、次のようなことになるであろう。

Ａ　経済的な理由から。
Ｂ　葬儀に付随する社交性の煩わしさから。
Ｃ　僧侶の読経など、意味不明なことから。
Ｄ　家族だけで本当に悲しみを分かちあい、故人を心から送ってあげたいから。
Ｅ　遺言にそうあったから。
Ｆ　今は、それが流行しているから。

といったことが挙げられよう。理由は、ＡからＦまでが複合的に入っていると考えてよいであろう。
ほかに、「音楽葬」にしたい、などというものもある。
さらに大別して、

宗教肯定型
宗教否定型

の二型があるが、宗教については別項を設けたい（46頁〜）。

Aの経済的な理由から、というのは大きな理由になる。「家族葬」にすることで、葬儀への参加人員は、極端に減少する。人数が少ないことで、次のような経済的メリットが生ずることとなる。

・小型の会場でよい。会場費の削減。

・自動車など、交通費の削減。
・飲食費の削減。
・飾りつけも大袈裟にしなくてよいこと。
・見栄を張らないですむ。
・宗教者を呼ばなくてもすむ。
・会葬御礼の品や、ハガキが不要。

これだけでも、相当に、切りつめられる。

葬儀社の見積もりと、請求書とのあいだに誤差が生じにくくなるので、資金の目途が立ちやすい。

これらのことは葬家にとっては、大きなメリットである。

Bの社交性の煩わしさを断つことは、葬家にとっては、肉体的にも、精神的にも、相当の負担の減少になる。

・生花の名札の順序を気にしないですむ。
・香典返しで悩まなくてすむ。
・会場での、弔問客への応接でヘトヘトになることがない。
・家族だけだと考えただけで気分が軽くなる。

デメリットを考えてみよう。故人の職業や、現在の一家の家計の柱になっている人物の仕事の交際を考えることになる。故人の交際よりも、後者を重く見るのが普通だろう。

交際がギクシャクするといった仕事の者は、こうした「家族葬」は選択しない。会社に勤めていても、上司や、同僚に、そう、気を使わなくてもよい立場の仕事をしていることが、「家族葬」を行う条件にもなってこよう。

いずれにしても「家族葬」を行えた者は、社交の煩わしさから逃《のが》れて、思いきり、故人との別れをすることができるのである。このことは精神衛生上、この上なく健全であるということになろう。涙は、心の浄化作用となる。泣きたいときに、思いきり泣けるのは、現代では幸運でさえある。葬儀後の精神的な立ち直りも早まるはずである。それも「家族葬」という人眼を気にしないですむ形式であるからにほかならない。これはDの、家族だけで本当に悲しみを分かちあい、故人を心から送ってあげたいから、の理由に該当しよう。

Eの、遺言にそうあったから、は説明の要もないであろう。逆に、遺言がなくとも、遺言を理由にすれば、すべてまかり通るという面もあるので、これを利用することは、社交上の免罪となるのである。

Cの、僧侶の読経など、意味不明なことから、というのは一考を要する。葬家が、本当に宗教上のことを理解したうえで言っているのか。雰囲気だけで言ってはいないか、たいへんに大切なことである。あとからでは取り返しがつかないことだからである。仮に不必要なものであるとしたら、平安以前の大昔から現代まで、なぜ仏教が信仰されてきたのであろう。意味のないものは、必ず陶汰されるのが自然の摂理ではないだろうか。仏教式で葬儀を行っているのが、現代でも九〇パーセント強なのである。そこに、勉強し、理解しておかなくてはならないものが、まったくないのだろうか。意味不明なのは僧侶も悪いが、日常のなかに、仏教を取り込まず、なおざりにしてきた葬家にも問題があるのではないか。わからないものをわからないままにして、わかろうと努力しないのは無明《むみょう》である。

在家の人でも、経典を誦《そら》んじている人はいくらもいる。

のちのちに後悔がなければ、不要でよい。このことについては後章でも、たびたび触れることになろう。何宗何教であろうとも、信仰心のない国や地域、人は、決して誇れるものではない。少なくとも、海外に出たら、無宗教というのは、通用しない考え方なのである。信教の自由という憲法はある。しかし、それは、無信心でよいということとイコールではないのである。

日本は、先の大戦で、神道《しんとう》を利用した。そのことが、六十年後の今日になっても、宗教アレルギーになってはいないだろうか。

このことをくどくど書くのは、ほかでもない。時間が経過してから、心理的にも作用することが多いゆえである。

Fの、今は、それが流行しているから、という理由は感心しない。奇妙に文化人っぽい人ほど、この項目に入ってくるのはなぜなのだろう。一考を要するところではあるまいかと思う。

葬儀は、流行《はや》りで行うものではない。人の死にかかわることである。軽々さは邪見というほかはない。

以上、「家族葬」の行われる背景を概観してみた。善悪ではない。すでに多く行われていることなのである。

葬儀社のデータでは、「家族葬」ではあっても、多くは、僧侶を招いているという。ならば、僧侶も、自己改革をして、これに対応すべきであろう。

従来の葬法が、適応しにくくなっているのであるから、これの研究開発に務めるのが、フレキシブルな僧侶ではないであろうか。私自身も含めて、僧侶が、猛省すべきときがきていると思えてならない。

4 家族の感情優先

逝《い》ったのが祖父母か、父母か。どちらにしても、家族にとっては、かけがえのない大切な人の死である。

悲しくて当然である。慟哭《どうこく》をして当然である。家族が泣かずして、誰が泣くのか。だが、従来型の、社交性重視の葬儀では、煩雑さと、人眼があることで、そうした悲しみを耐えなければならなかった。

そうではなく、人間として、近親者の死を、感情のうねりのままに、表現できる時間が欲しい。

そうした思いは、自然な、人間の感情であるし、号泣を押さえることは、精神衛生面で、決してよいことではない。

かけがえのない人の死は、それでなくとも精神を歪《ゆが》ませるのである。号泣を耐えることは、強いストレスを与える。

そのストレスゆえに、体の変調を訴える人も少なくない。

欧米では、近親者の死のあとには、グリーフワークという、一種のカウンセリングを受けるのが常識である。それでも、立ち直りまでには、相当の時間を要するのである。

時間の経過の慰撫以上のヒーリングはない、といえるであろう。

現今では、葬儀の執行《しぎょう》のほうだけに眼が向いているのが、僧侶の世界になってしまっているが、葬家の精神的な苦悩にも、相談に乗るのが、僧侶の役目でもある。今後は、そうしたカウンセリング面での対応が大切になっていくであろう。

法事の相談と同時に、遺族の悲しく、苦しい胸のうちを察してやり、聞き役ができるようでなくては、僧侶は務まらなくなるだろう。

「家族葬」になったら、さらに、そうした時間は増えるはずである。相談に乗っていくことは、最高の布教にもなっていくのであるから、相談があったり、つらそうにしていたら、僧侶にしたら、奇妙なことだが、好機というべきなのである。病人が一人もいなかったら、医師は不要である。苦悩し、悲しんでいる人がいるからこそ、僧侶が必要なのである。

不思議なことだが、神社では、「よい神主《かんぬし》さん」と言われることは、めったにない。対して、寺院だと、「よい和尚さん」というのは成立する。それだけ、寺の住職のほうが個人的な、人間性を問われるということなのである。

人は、人間には相談するが、神様には相談をしない。お願いをするだけである。「神頼み」とは言うが、「仏頼み」とはめったに言わない。その場合は「神仏頼み」となる。

人は、近親者が逝《い》くと、まず圧倒的な悲嘆に襲われる。「死んではいない」「ちょっと眠っているだけだ」と、その死を拒絶する。

死の受け入れ、受容には、時間を必要とする。そして、その時間は、とめどない戸惑いの時間となる。なかには衝撃のあまりに、失神したり、失禁したりする者もいるし、狂乱する者は普通である。近親者の死を冷静に受けとめられる者は稀である。冷静を装うことはできるが、演技のメッキはすぐにはがれて、人知れぬ場所で慟哭《どうこく》したりするのである。

地球規模でいえば、日本民族の死の受けとめ方や、感情の発露のさせ方は、いたって地味である。表現が下手なのかもしれない。中近東などでは、手放しで泣いている女性のテレビ画像を見ることがある。女性でも、日本人にあのように泣けとは言えるものではない。民族の相違であろう。

知人の韓国人の家の弔問客になったことがあるが、葬儀のときに、「哀号《アイゴー》、哀号《アイゴー》」と喪服で、韓国式の座り方の立て膝で、これをイツという座り方と呼ぶのだが、手の先から垂れ下がるほどの長さの白のチムチョゴリを着て、いったい、いつになったら泣きやむのか、という女性の一団がいた。

泣きやまないはずで、泣きつづけることが仕事のプロの集団だったのである。「泣き女」というのを一人では淋《さび》しいので、数人やとい入れる。それで交互に、「こんなに悲しいよ」と周囲に知らせるのである。「泣き女」の入らない韓国の葬儀は珍しいほどである。

それほど、悲嘆して、死を受容しないのであるが、時間とともに、死を受容し、認知していくのである。

死の認知と同時に、全身の力が抜けていく。次にくるのが後悔である。「ああもしてやればよかった」「こうもしてやりたかった」と繰りごとが出始める。思考の前後が、わからなくなる。若悩がつづいて、近親者の死の受容が、許容できないのだ。知性や、理性では理解している。しかし、感情が、死の受容を頑《かたくな》にガードしている。感情《センス》は、たんに情感というだけではなく、感情は、もっと奥行きのある潜在意識にまで通じていて、脳の中枢にまで至っているようである。

爬虫類の脳と呼ばれている、人間の生存に関することがらを処理している「脳間（幹脳）」に強力な不快感を与えていた。

人には、その脳間を包むように哺乳類の脳と呼ばれている「辺縁系」があり、その周辺を新哺乳類の脳と呼ばれている「大脳皮質」が包んでいる。その大悩皮質は、新聞紙の見開き一枚分ぐらいの大きさなのだけれども、それを頭蓋骨の中に収納するために、シワクチャにして納めてある。それが脳のシワなのであるが、その大脳皮質が近親者の死を受容しろと脳間に命令してくる。脳間は拒絶する。こうした危機に直面すると、動物は、二通りの行動を取る。闘争《ファイト》か、逃避《エスケープ》である。

この大脳皮質と間脳との戦いが、強いストレスを生むのである。

自分で行動をおこせない状態になっているのである。

この状態のときというのは、つらい。こうしたときにタイミングよく、僧侶が相談に乗ってやりたいと思うのだが、厄介なことに、このときに、葬儀社をどこにするか決定しなくてはならないのである。その修羅の状況はすでに「序」で述べている。

納得のゆく葬儀かどうかは、ほかでもない、この葬儀社の選定ひとつにかかっているので、いくら病院の婦長（師長）が、ベッドを早く空けたいので、「急いでください」と心理的プレッシャーをかけてきても、その手に乗ってては駄目である。

私も身内を故《な》くしている。そのときに病院側が「急ぐように」と言ってきたのにキレた。

僧侶をやっていると、自然に声が大きくなる。

「明日にでも治るようなことを言っておいて、殺しちまったら、さっさと出て行けと言うのか！――」

病院中に聞こえるような大声で言った。

ほかにも患者はいる。師長が言いつまった。

「あまり薄情なことをすると祟《たた》るぞ！　これからお経を唱える！……」

「や、やめてください。隣に重篤な患者さんがいるんです。ほかにも……」

「病院で、死者に、臨終諷経《ふぎん》を唱えたら、犯罪になるのか?……現に、ここに死体がある。ものみたいに扱うな!――」

師長は、その場から消えた。

「ゆっくり考えよう……」

と知りあいの葬儀社に来てもらうことにした。

病院の言いなりになる必要はない。主張すべきところは、主張するにしくはない。意中の葬儀社があったら、そこに依頼するべく手配するべきである。のちに後悔することほどつまらぬことはないのである。


既述のように、まず、故人の死の受容は、精神的に過酷な作業なのである。

次に遺族は、

「噫《ああ》、○○は死んだのだ」

と、受容から、さらに一歩進んだ、故人の「死の認知」という、より死の明確なことを自己に言い聞かせなくてはならないのである。

この段階では、まだ、魂の底から突き上げてくる、嗚咽《おえつ》と、慟哭《どうこく》に、遺族は支配されている。体も思うように動かないであろう。

看病をしていた者は、強い虚脱感にも襲われることになる。

立ち上がることが、極度に困難になる。

生前の愛が強ければ強いほど、その思いは強いのである。

将来《さき》のことはとうてい、考えられない。眼前の遺体にとりすがるばかりである。この悲嘆の作業を乗り越えないかぎり、次に進むことはできない。

やがて、「葬儀をしなければ」という、次の大きな山場のことを、うっすらと考え、その考えがしだいに強まっていくのである。

そして次に思うことは、

「知らせるべき人に、故人の死を知らせなくては……」

という、故人の社会への「死の告知」ということが起こってくる。

ここで無闇に知らせてしまうと、「家族葬」ということはやりにくくなってくるのであった。

5　宗教型と無宗教型

圧倒的に宗教型が多い。それも九〇パーセントは仏教式である。「家族葬」であっても、僧侶を招《よ》ばないと、どこか落ち着かない、という面があるようである。

しかし、確実に、変化は起こっている。

葬儀を〝ビジネス〟と捉えている葬儀社には、鋭敏に伝わっている。底流で、地殻変動が起こりつつあるのを察知して、その対応として、家庭の居間のような雰囲気を演出した小会場を造り、「リビング葬」「ファミリー葬」といった形式で、ニーズに対応しているが、〝宗教的事情〟でいうと激変しているといった事実はない。従来どおりに近い形で僧侶は招《よ》んでいるとのことであるが、僧侶の読経で、納得するかといったら、それは別もので、習慣の踏襲で、「みんながやっていることをやっておけばいいだろう」というのが、最大の動機ということになるのであろう。

それにしても、僧侶を招ぶことで、

「やることは、きちんとやった」

という安心感が生まれる。

しかし、宗教家を招ばなかった場合には、二通りのことが起こる。

1　確信をもって、家族の信念で、僧侶を招ばない場合。

2　あいまいな気持ちのままで、「べつに招ぶ必要もないだろう」という場合。

の二つのパターンが考えられる。

1の確信をもって招ばなかった場合には、それ以後もたいした問題は起こらない。

しかし2のあいまいな気持ちのままの場合には、

「故人を〝処理〟してしまった」

という後味の悪いものが残るのである。

この後味の悪さは、時間の経過とともに、〝後悔〟の念に変化してゆき、トラウマ化してゆくのである。

ちょっとした経済事情のために、宗教的儀式が、トラウマとして、のちのちまで尾を引いてしまうということは、少なくない例であるものであった。

社会には、いろいろな階層の人が住んでいる。しかも、各人各様の事情をかかえているものであった。

〝ちょっとした経済事情〟は、本人たちにしたら、たいへんに大きな負担であった、ということはある。

けれども、葬儀というのは、故人の最終儀礼である。そのために、送ってしまったら、それで終わりで、もう一度、やり直したいと思っても、やり直しはきかない。それが葬儀である。故人を呼び戻すことは不可能である。

それゆえに、後悔が〝トラウマ化〟するのである。トラウマは、心的害傷という、心の傷である。

このトラウマは、ときにとんでもない悪戯《いたずら》をすることがある。

息子の受験失敗に、夫のリストラが重なったうえに、結婚した娘が離婚をして戻ってきたなどと、悪いことが重なると、

「アレのせいかしら」

と、処理的葬儀のことがフラッシュ・バックするのである。それは、すぐに、

「故人のタタリではないか？」

という、トラウマの、悪い面にたどりついてしまうのである。

そうしたことは、住職である私のもとに、よく相談がある。

「息子さんの受験の失敗は、実力不足か、運が悪かったのでしょう。ご主人のリストラは、こういう時代ですから、よほどの大企業以外は、儲かっていないので、これも

運が悪いということでしょう。娘さんは、カップリングを誤ったのでしょ。お子さんがいないうちの離婚でよかったのではないですか。また、ご縁がありますよ。世の中で、バツイチなんて大勢いますから」

と答えるのだが、逆に本人は気になってしかたがないのである。

遺骨は霊園にあるという。祖母、ご本人にすると、義母の死である。

「そんなに気になるのなら、お位牌を持っていらっしゃい」

と言って、位牌を持ってきてもらうと、もう三回忌間近だというのに、白木の位牌のままである。

「これはまずい。白木の位牌は、四十九日で、塗りの本位牌にしなくては駄目ですよ。戒名もないんですね。ちょっと可哀想かな。戒名をつけて本位牌にしてあげたらどうですか。そのときに、お葬式と同じことをしてあげますよ」

と言うと、ご本人は歓んで、お布施の値段を聞いてくる。

そういう状況では、高くは言えない。

それでも、新品の塗り位牌で、略式の通夜・葬儀の読経をしてあげると、憑《つ》きものが落ちたような顔になった。

それと同時に、ご主人の再就職先が決まった。

「やっぱり、やってよかった。ありがとうございます」

「娘さんも、再婚しますよ」

「はい」

と嬉しそうな顔になった。

トラウマは、半分ぐらいは取れたと思う。だが、これだったら、はじめから、葬儀のときに、僧侶を招《よ》んでおいたほうがよかったのではないか、と思えてならない。

これは、ほんの一例にすぎない。葬儀に納得がいかなくて、寺に相談に来たり、手紙が来たりというのは、たいへんに多い。多くは、僧侶を招ばなかったということに起因している。

べつに、私自身が僧侶であるから、

「葬儀には、僧侶をお招きしなさい」

という手前勝手な文章を書いているつもりはない。できるかぎり、現代の実態に添って、事実だけを書いているつもりである。

そこからなにかが焙《あぶ》り出されてくれれば、意義のあることなのに違いあるまい、と思っているだけのことである。

次のような葬儀の仕方をした。法律的には、一切、問題はない。

6 処理としての「家族葬」

あってはならないこと、として希望しているのだが、現実に〝処理〟としか思えない、「家族葬」と称するものがあった。

通夜・葬儀の一切を、家族だけで行い、宗教的儀礼は行わず、もちろん僧侶も招《よ》ばずに、家族だけで柩《ひつぎ》を囲んで、時を過ごしたのちに、棺箱の蓋の裏に、家族で寄せ書きをして、蓋を閉じると、ワゴン車で火葬場に運び、荼毘《だび》にふした。炉前での読経もないままに、遺体を火炉の中に納めて、火を点じた。

地方出身者で、故郷には菩提寺もある仏教徒の家筋だが、どういう事情があったかは知らないが、これでは、見方しだいだが、「処理」と思われてもしかたがあるまい。

例によって、確信をもって行ったことであるならば、一切、問題はあるまい。しかし、あいまいな気持ちのままで、こうしたことを、「正しい文化」として行ったのなら、必ず精神的に尾を引いて、「処理」としてのトラウマが、家族の誰かに残るであろう。人の死というのは、誕生と同じように、厳《おごそ》かなものである。

経済的にやむをえない場合もあるだろう。しかし、葬儀の関連者と話しあえば、炉前での読経だけでも、僧侶に依頼できたはずである。

俗に事件もの、と呼ばれている遺体がある。どこの誰か、まったく手掛かりのない遺体で、ありていにいえば、行き倒れである。こうした遺体の身許《みもと》は、警察で一週間調査し、不明だった場合は、区役所に下げられて、さらに区役所で一週間調査するが、その二週間は、遺体は葬儀社に預けられて、「番号」で呼ばれることになる。二週間後、役所から「何番と何番を処理してください」という指示を受けて、葬儀社が遺体を火葬場に運び、複数体を同時に一つ炉で焼却してしまうのである。

その処理費は区役所によって異なるが、一体につき、十二、三万円が、葬儀社に支払われる。その遺骨の〝処分〟も含めてのことである。この金額では、まともな埋骨はできず、葬儀社の倉庫に眠っている。「番号」のままである。まさしく、「最終処理」である。

また、これは未確認の情報なので、噂の範囲を出ないが、東京大空襲時の遺骨が、いまだに処理されないまま、どこかに保管（放置）されているという。もし、これが事実なら、とんでもないことだが、コトがコトだけに、私の力では取材のしようがない。たしかに、東京大空襲での死者数は百万単位に及んでいる。それらを、靖国神社や、千鳥ヶ淵だけで埋葬しきれているのかといったら、はなはだ疑問である。未処理の遺骨がどこにあるのか？　第一級の秘密とされているのに違いあるまい。かなり以前から流れている噂ではある。真疑のほどは、私にもつかめない。噂があるというにとどめたい。それ以上は踏み込めないのである。

自殺者の遺体は、「死体検案書」という題名で、警察関連の病院から、しかるべき調査を終えたあとに発行されて、遺体の「焼却、埋葬許可書（証）」が、役所から発行される。

しかし、この「死体検案書」は、遺体の葬儀のために発行されるものであって、場合によっては、これでは「生命保険」は下りないことがある。後日、改めて、もう一枚発行される「死体検案書」で、はじめて生命保険の申請ができるということがあるので、注意が必要である。

自然死（病死）での、医師の「死亡診断書」とは、そこが異なってくるのである。

この生命保険が下りたか、下りないかで、葬儀の事情も大きく異なってくることが多い。

生命保険には、詳細な約款があって、それに抵触すると、下りない場合がある。意図的に支払いを拒否した保険会社の事例数が報道されたこともある。このことで、傾いた会社の経営の建て直しを企図したというのであるから、ほとんど詐欺行為である。

自殺死体の処理の手伝いも、葬儀社は行うことがある。「マグロ」という陰語で呼ばれる、電車への飛び込み自殺の場合で、警察だけでは手が足りず、飛散した肉片をバケツを持って拾い集めるのである。

一応の五体がそろうまでは探す。しかし、どうしても、右腕が発見できずにいると、二つ先の駅から連絡があって、発見されたということがある。電車が巻き込んでいったのである。

こうした、自殺での葬儀というのは、ひそかに営みたい、という葬家の心理的事情もあって、葬儀場の空気は、必要以上に重いものとなる。

元来、葬儀場の雰囲気は、弔いなのであるから明るいわけがないのであるが、自殺とか、事件、事故の場合は、さらに空気が重くなるのである。

それでも、葬儀を行う場合はよいが、電車の飛び込み自殺などは、火葬時に、「炉前諷経《ふぎん》（読経）」にだけ招ばれるということが少なくない。仕事柄、察知はつく。しかし、よけいなことは言わず、依頼されたことだけをすませて引きあげることである。この世には、知っていいことと、知らないでいるほうが、両者共に楽ということもあるのであった。

既述したように、遺体の処理というのは、異例の場合である。家族がそろっていて、ごく普通の死であるのに、「家族葬」に名を借りて、処理に近い葬儀を行うことは、あまり奨励できることではない。一歩まちがえると、「家族葬」「無宗教葬」は、そういうことになりかねない側面をもっている。

〝処理的葬儀〟を「直葬《じきそう》」と呼んでいるが、「直送《じきそう》」ではないのか？「音楽葬」ということも、数は少ないが行われているが、生演奏と、テープでは重味が異なるし、音響の問題もある。さらには、音楽と同時に「語り部《かたりべ》」がいなくては、弔問客は戸惑うだけである。語り部は、司会者といってもよい。

「家族葬」における、無宗教葬の場合も、けじめなく、家族どうしが語り合うだけで、心に線が引けるのであろうか。

葬儀の大切な役割の一つに、遺族が「心の中に線を引く」、けじめをつけるということがある。

それを、典型的にできるのが、僧侶による儀式の執行《しぎょう》なのである。威儀（多くは衣装をさすが、立ち居振る舞いも含む）からして異なっている。故人の永遠の眠りを荘厳する威儀と、式次第をもっていなくては、遺族の心の線引きはできるものではない。

そのために、僧侶は、日常、勤行を行い、心を修しているのである。もちろん、仏教は、葬儀がすべてではない。日常の心のありようを修しているのである。

しかし、教科書どおりのきれいごとだけでは、寺院の経営は成立しない。葬儀は、寺院の基幹行事であることに変わりはないのである。ここに勢力を注ぐことは、無駄なことではない。

私のところに、突然、某宗の僧侶が訪ねてきた。七十歳を過ぎている。

「葬儀の仕方を教えてほしい」

という依頼なので、私は驚いた。

「ご宗旨が違いますが」

「違ってもかまいません。やらないと生活ができませんから」

「失礼ですが、お師匠さんがおいでなのではありませんか？」

「おります。しかし、祈禱法しか教えてくれませんので。私の寺は祈禱寺になっていますが、ご祈禱だけでは、今どき生活できません」

「でしたら次第本がありますでしょ。葬儀場に行って見学させてもらったほうが、他宗の葬法を修するより早いですよ。それに、一日で覚えきれるものではありません」

と諭《さと》して帰ってもらった。

そういう僧侶も現実にいる。祈禱としては、二十年からの経験があるというのである。どうにもわけがわからない僧侶の訪問であった。

だが、今後は、「家族葬」「自由葬」ということになったら、そのための法式《ほっしき》（形式）は、諸宗派ともできあがっていない。僧侶個人の見識によるところが大きくなるであろう。

「家族葬」という、ある種の見解をいだいて葬儀に臨む人たちに対して、僧侶が、相も変わらぬ、チンプンカンプンの経典読誦だけで、納得してもらえるのであろうか。そのための儀式の法式を準備する必要はないのか。

「家族葬」の法式を述べる前に、都会での限られた時間内での、従来型の葬法を述べておきたい。

テキストを、禅宗形式に採《と》る。

禅宗の葬儀は、住職（尊宿《そんしゅく》）の津葬《しんそう》と、在家《ざいけ》（一般）用の葬儀で、ディテールは大きく異なっているが、在家用の葬法は、禅士（修行僧）の亡僧の葬儀式を土台にして創りあげたもので、『禅苑清規《ぜんえんしんぎ》』や『諸回向清規《しょえこうしんぎ》』（木版本、全五巻、貝葉書院刊）などに、それらが原型として見られる。最近では『江湖法式梵唄抄《ごうこほっしきぼんばいしょう》』（禅文化研究所刊）

などが出版されているが、その前は、伊藤古鑑の『臨済宗衲覩《ノート》』（其中堂刊）を頼った。曹洞宗には宗務庁の出版部から多くの著作が出ているし、鴻明社や大法輪閣からも多くが出ている。

それらを参考にしながら、実際に執行されている法式《ほっしき》の次第を述べることにする。以降は逐一の出典は記さず、巻末に「参考資料一覧」として掲げる。

第二章　従来型の葬法

1　没後作僧について

「修証義《しゅしょうぎ》は、高祖道元禅師の正法眼蔵九十五巻から、『洞上在家修証義』として、明治二十一年二月に仙台市出身大内青巒居士が中心になって『扶宗会蔵版』として出版したのが元であります。その後畔上楳仙禅師並に滝谷琢宗禅師が修正を加え、五章、三十一節、三千七百四字にまとめ、明治二十三年十二月一日曹洞宗における在家布教の教典として公示されました。これが『曹洞教会修証義』であります。現在は『修証義』と称し、僧侶及び檀信徒の宗意安心の経典としています。（桜井秀雄監修、中居堂出版部刊）

という『修証義』を、五章、修読すれば、このなかに、すでに没後作僧《もつごさそう》も入っている。懺悔文《さんげもん》も、帰依三宝《きえさんぽう》（三帰依文《さんきえもん》）、三聚浄戒《さんじゅじょうかい》、十重禁戒《じゅうじゅうきんかい》も入っており、ないのは剃髪偈《ていはつげ》と、法号授与だけである。

没後作僧《もつごさそう》とは、死後に僧（出家者）と作《な》すことである。

故人に剃刀《かみそり》を見せて「剃髪偈」を唱えて、頭髪を剃る仕種《しぐさ》をして、〝坊主頭〟とする。剃刀がないときは人差指と中指をそろえて伸べ、他の三本の指を握る、ジャンケンのチョキを結んだ形を剣印というが、この剣印にて剃髪をさせる。

これで僧形となったと思念するのである。

次に「懺悔文」によって、故人が生前に犯した大小の罪（本人の意思によらぬ行為も含めての）を懺悔するのである。「サンゲ」と清音で発するのが仏教用語で、「ザンゲ」と濁音になるのは、日常語およびキリスト教である。梵語のサン（クシャマ kṣama）を音写して「懺《さん》」としたが、これに中国で漢訳のときに「悔《げ》」がついて、そのまま日本に輸入されたので「サン・ゲ」となるのである。これは、数々の戒律を受ける前には、必ず懺悔しなさいという、出家得度式や、「受戒会」にも登場するものである。理由は浄信精進を生長させるためのものであるが、故人が精進生長ということなると、今生では無理なので、あの世でということになる。しかし、懺悔には滅罪の意味もあるので、故人の今生での滅罪の意となろう。

次には三帰戒で、仏法僧の三宝に帰依《きえ》し、それを戒とするものである。

さらに法号授与で、これは戒名を授けることである。

次に三聚浄戒と十重禁戒を授ける語を唱える。

故人に授けるのであるから、悪意があって言うのではないが、〝後の祭り〟的な雰囲気がなくはない。

もっとも、葬儀じたいが、立派に、故人にとっては死後《しご》の祭りではある。

そして、亡者授戒回向ということになるが、これは「梵網心地戒品《ぼんもうしんじかいほん》」という経典を読誦《どくじゅ》したということである。

読誦というのは、読《どく》は経典を開いて読《よ》むことであり、誦《じゅ》は誦《そら》んずることであるから、暗記をして唱えることである。

このようにして、儀式のなかで、故人を僧侶にしてゆくことが「没後作僧」であるが、僧侶は、当然だが出家者を意味することで、出家者は仏弟子である。仏弟子になることは、諸仏の位《くらい》に入ることで、仏と成る、「成仏《じょうぶつ》」を意味することなのだが、即成仏するわけではなくて、遺族たちが故人を丁寧に供養してゆくことによって成仏への道が拓《ひら》けてゆくという意味でもあるので、ここをまちがえないでほしいのである。

葬儀後の供養の仕方が大切なのである。

どちらにしても、没後作僧が、従来の日本の通夜・葬儀のなかでの儀式の柱となっている。とくに通夜では、没後作僧に儀式の大半を割かれているのである。

こうした儀式が、なんの解説もなしに行われて、はたして、何人の人が理解するであろうか。これに陀羅尼《ダラニ》などが加わったら、僧侶の唱えていることは、まるで理解不能になる。

梵語の経典を、梵語の発音のままに唱えるのが陀羅尼である。そのために、唱えている僧侶自身が、意味不消化のままに唱えている場合のほうが多いのである。

なにもかも、すべてを解説する必要はない。意味不明のほうが荘厳されることもあるだろう。しかし、丸々不明というのはどういうものであろうか。

「わからないほうが悪い」

という姿勢ではなく、

「わからせないほうが悪い」

ということでなかったら、葬儀は最大の布教の機会であるだけに、もったいないない気がしてならない。

「これからお読みする経典は、観音様の功徳を説いた経典です」

ぐらいの解説はつけてもよいのではあるまいかと思っている。

私どもの本堂には、いっしょに読むための経本が用意してあるが、そうした経本を持って歩くわけにはいかない。それでなくとも、法衣・法具を入れたバッグは相当の重量である。少しでも重量を減らしたいのが本音である。

口頭で説明しながら、儀式を進行していくほかはないのだが、それをやっている僧侶はほとんど見かけないというのが現実であろう。

意味がわからなければ、その分、葬家は仏教から離れていくことになる。没後作僧をなぜ行うのか。故人の成仏のためのもっとも正しい道だからである、と日常語で解説していかないかぎり、

（坊主がわけのわからないことをやっている）

と思われるだけなのではないだろうか。

すでに二十一世紀である。檀家・葬家の葬儀に対する意識は高くなっている。けれども、信仰心が高まっているのではない。したがって、仏教を勉強しようという意識ではない。あえて言えば、「消費者としての意識」なのであって、そのレベルで知りたいのである。

そして、そのレベルから説き起こさなければ、葬儀の場での布教は成立しないであろう。

通夜の席での説法も、そうした意味では、重要なことである。これ以上、真剣に宗教・仏教のことを聞いてくれる場はないのである。

説法の勉強に力を入れない僧侶には、せっかくの場での布教はできないであろう。それで、一般人の仏教への信仰心がなくなった、と嘆く僧侶が多くなったのには、驚くほかはない。

一般人に、どこで仏教を勉強せよと言うのであろう。仏教を知り、学ぶためには、このような本が出ていますと手引きぐらいはするべきであろう。

僧侶は霊媒師ではないのだから、死後や霊魂の話といった、おどろおどろしい話をする必要はない。そうした質問には、教主釈迦牟尼仏も答えてはいない。「無記」というのが本当のところである。

このことは、一休宗純禅師の『般若心経提唱』にも、明確に記してある。

釈尊が無記である、死後という異次元の話は、私のような凡庸《ぼんよう》な僧侶には、わかるはずもない。

「逝《い》ったことがないのでわかりません」

というのは、僧侶のよく使う科白《セリフ》だが、現実に、そうとしか答えようはない。麦茶を、色が似ているからといって、ウイスキーですとは答えられない。ただ、仏教の「宇宙観」といったものは答えられる。それをもって答えとするほかはないのである。

2　没後作僧と家族愛

僧侶が、無解説で没後作僧の執行をしているとき、「家族葬」を断固として選択した遺族たちは、わからない読経を聞きながら、ひたすらかしこまり、

（これが宗教的には正しい喪送の仕方なのだろう）

と思いつづけるほかはない。

けれども、僧侶のわからない読経には、イラだちとも、あきらめともつかない感情をいだきながらも、

（習慣だからしかたがない。みんながやっているように、やっておくほかはない）

と思っていた。社交性のほうは、前もってのハガキ作戦で断わってはあったが、宗教面では、一番違和感のない「仏教式」を選んだ。

だが、遺族たちの日常の生活のなかに仏教は根づいていない。だから、よけいにわからないのであった。

しかし、自分たちの思いどおりの葬儀にしたいという思いは、人一倍強い家族であった。だからこそ、あえて、新しい形式の「家族葬」にしたのである。

葬儀社の「家族葬」用のアットホームな会場は用意できていた。葬家は、そのことには、

「家族みんなで、心おきなく、故人を送れる」

と満足していた。

けれども、僧侶の儀式の形式は、「家族葬」用に、わかりやすいものにはなっていなかった。

家族で、濃密で、温かい形で故人を見送ろうとしていたときに、僧侶の読経は、

淡々と、わけのわからないものであった。

（仏教的には、そういうものなのかもしれない）

という思いは、なくはなかった。それにしても、もう少し、故人と家族（遺族）への思いやりのようなものが感じられる〝宗教儀式〟にはならなかったものなのだろうか、という不満が残った。

葬家の家族たちの気持ちは、わかる。しかし、僧侶の側が、変革していっている葬儀の新しい考え方に対応できていないのである。

新しい葬儀のための法式（形式）ができていないのである。そのような法式集もない。

そういう法式を創ろうという試みもなされていない。従来どおりの〝没後作僧〟型の法式以外にはないのである。

宗旨宗派を越えて、この法式、次第なら「家族葬」に使えるという法式集はない。

そういう経典があるのかどうかもわからない。あったとしても、それを、宗教的にどのように、思想・哲学的に裏づけていくのか。教相面での裏打ちができなくては、使いようがないのである。

この厖大な作業を行うことは、容易なことではないのである。

没後作僧に代わるだけの教学面の論理が、きっちりとしていなくてはならないのである。

そうでなければ、なぜ、そのような執行をするのか、僧侶が自信をもって、行ずることができないという面があるのであった。

宗派性に関係なく、「家族葬」のための法式集である。

当然、その根底には、〝家族愛〟が唱えられているものでなくてはならない。

「家族葬」を希望する人たちは、そうした儀式の出現を望んでいる。それを、現今の仏教界が示すことができるのかどうか。重要なキーポイントである。

しかし、現実には、そのような需要《ニーズ》があるのだ。ニーズは、オールマイティーである。ニーズに適応していかなかったら、その分野から見限られることになる。それがマーケットの鉄則である。

だが、マーケットと、宗教とは、まったく次元が異なるという人もいるだろう。そうなったら、仏教が、ヒンドゥー教で教えの一部が残ってはいるが、バラモン教のように衰退の道をたどるだけである。仏教といえども、絶対的なものではない。ニーズがなくなったときには、絶えるだけのことである。

必要だと叫ばれている葬法を提供していかなくてはならない。葬法は流行である。時代とともに変化していくものである。

たとえば、現在、大都会で葬列が組めるのか。幡《ばん》や、棺や、死に装束には一つ一つ文字を書いていったが、現今の大都会で、それをやっているところがあるだろうか。

さらには、通夜以前に枕経《まくらぎょう》というものがある。しかし、現今の大都会で、葬儀の主舞台が斎場になっているときに、枕経など、行いようがないではないか。

通夜が、僧侶が故人と出会う、最初の場所なのである。すべてが、タイトに、スピーディーに、そしてコンパクトなワンパックになっているのである。葬法じたい変えざるをえないのである。

付け初七日と称して、葬儀のあとに、初七日忌法要を行うのは、今や常識化してしまっている。これも、考えてみれば、奇妙な葬法ということになる。が、ニーズに逆らえない例ではないだろうか。繰り上げ初七日とも言っている。

葬法の多くが形骸化しだしているのである。

それであるなら、今、現実に必要とされている「家族葬」のための葬法が考案されて、提唱されることは、決して悪いことではないと思うのである。

3　家族愛での成仏とは

ここで述べることは、輪廻転生《りんねてんしょう》（六凡《ろくぼん》）と、解脱して四聖《しせい》となり諸仏の位に入ることなのではないかと思う。

このことを知るには、前提として仏教の世界（宇宙）観を承知していただかなければばならない。難儀なことではなくて、人は死後、「十界」の中のいずれかに逝《い》く、というものである。

その世界を下から述べていくと、

①「地獄」②「餓鬼《がき》」③「畜生《ちくさん》（動物）」

ということで地獄より下はない。地獄にもいろいろな種類があって、「刀葉《とうよう》地獄」「火焔《かえん》地獄」「無間《むけん》地獄」等々があるが、これらは、原始仏教経典の『正法念処経《しょうぼうねんじょ》』『世起経《せきぎょう》』や、大乗の『大智度論《だいちどろん》』に詳細に書かれてある。日本では、天台宗の総本山比叡山延暦寺《ひえいざんえんりゃくじ》の、横川《よかわ》に住んだ、浄土教の恵信僧都《えしんそうず》（僧の位階）源信《げんしん》が、『往生要集《おうじょうようしゅう》』を撰述している。撰述であるから、これぞと思うものを引き出して述べているのである。『大智度論』は、龍樹菩薩《りゅうじゅぼさつ》の著作で、百巻といわれる『大品般若経《だいぼん》』の論書（注釈書）で、広範な問題を論じている。一種の大乗仏教の百科全書ともいえる大著で、たんに、「智論」と呼ばれたり、「智度論」「大論」とも呼んでいる。源信は「大論」と呼んでいる。訳者は鳩摩羅什《くまらじゅう》三蔵法師である。

私たちが、たんに経典と言ったときには、三種類（三蔵）の経典があって、「経蔵《きょうぞう》」「律蔵《りつぞう》」「論蔵《ろんぞう》」がある。「蔵」は大切なものをしまっておく蔵《くら》の意で「経蔵」という言い方をする。「経」は釈尊の説かれた大本の法《おしえ》である。「律」は、出家者は、僧伽《サンガ》という集団をつくって生活していた。「仏法僧宝」と言ったときの「僧」は、この僧伽をさし、ひいては仏教徒の「集い」そのものをさすようになった。集団生活のなかでは一定の仏教徒としての約束事が必要になってくる。それを「戒律」として定め、たんに律とも呼んだのである。日本国憲法ならぬ、仏教憲法といったもので、この戒律を守って生活すれば、心に安心が得られるので、出家者には必要なものである。

それゆえに、〝没後作僧〟では、数々の戒律が授けられるのである。

そして「論蔵」ということになるが、「経」の解説書である。

この三蔵に通暁している僧侶を、特別に「三蔵法師」と尊称したので、固有名詞ではない。おもしろおかしく書かれた『西遊記《さいゆうき》』が超ベストセラーになったために、玄《げん》奘《じょう》三蔵のことを三蔵法師と呼ぶのかと誤解している面がある。

『妙法蓮華経《みょうほうれんげきょう》（サッダルマ・プンダリーカ・スートラ）』の訳者でも有名な、鳩摩羅《くまら》什《じゅう》も三蔵法師である。日本でも似たようなことがあって、「お大師さま」と言うと、弘法大師・空海をさしているように思われるが、大師は高僧の称号である。天台宗の最澄は「伝教大師」で、大師号を号する高僧は、枚挙に遑《いとま》がないほどに大勢いるし、「国師《こくし》」「禅師《ぜんじ》」という尊称もある。

さらに、経典は、それが創られた場所がどこかで分類する方法もあって、インド（梵）で創られたものを「梵讃」、中国で創られたものを「漢讃」、日本で創られたものを「和讃」と言った。

複雑になるが、その経典が創られた時期によって部《ぶ》（ブロック）化して、分類もしている。「阿含部《あごん》」「宝積部《ほうしゃく》」「華厳部《けごん》」「般若部」「法華部」「密教部」等々である。

遠回りしてしまったが、必要なことである。なにしろ経典は八万四千《はちまんしせん》の法門《ほうもん》というほどに数が多い。『大正新脩大蔵経』（大蔵出版刊）だけで百巻ある。これの訳本『国訳一切経』と『国訳大蔵経』がある。『国訳一切経』には訳されているが『国訳大蔵経』には訳されていないものもあるし、双方で訳しているものもある。ほかに、南伝仏教のための『南伝大蔵経』や、『高麗大蔵経』というものも出版されている。これに『チベット大蔵経』もある。なるほど「八万四千の法門」とは、よくもいったものである。さらにいえば、パーリ語・モンゴル語の大蔵経もある。これらの経典群を称して、「海蔵」と、海に譬《たと》えることがある。まさしく、経典の海に溺《おぼ》れてしまいそうである。

その『大智度論』のなかで、地獄の様相が説かれているのである。この地獄のことは、日本人の血・DNAのなかに組み込まれているように広く知られている。

その次が②「餓鬼」であって、人が死ぬと二種類のものになる。

A　ピトリ　遺族らによって、よく供養されており、飲食《おんじき》なども十分に足りているもの。

B　プレータ　誰からも供養を受けることはない。これが「餓鬼」となるのである。異様にやせ細り、腹だけが膨らんでいる。いくつかの種類に分かれていて、なかには人間の屍肉を喰らう餓鬼もいる。こうした飢えた餓鬼に、食《じき》を施してやるのが「施餓鬼」である。現在でも、全国の多くの寺院で行《ぎょう》じられている。この催しには、多くの檀家が参加しており、大半は老人であるが、この催しを見ると、日本の仏教も死んではいないのだな、という思いに駈られたりする。

③の「畜生（動物）」については、言を要することもあるまい。

こうした①②③の世界は、「三悪趣《さんあくしゅ》」と呼ばれている。

この三悪趣に、

④「修羅」界を含めて「四悪趣《しあくしゅ》」とも言っている。修羅界は、阿修羅の世界で、〝闘争〟につぐ闘争の世界で、平和や、心の安穏は望むべくもない世界である。修羅界は、実は次の三善趣に含む考え方もある。海底に住し、嫉妬心の深い世界であるという。

⑤となって、初めて「人間界」が現われる。

⑥「天上界」があって、天上界を含めて、三善趣というのだが、プラス「三悪趣」

で、「六趣」あるいは「六凡（凡夫の世界）」という。

この六つの世界を、生き変わり、死に変わっていくのを、輪廻転生と言うが、「六趣輪廻」とも言う。既述の六つの世界に生まれ、死に、また生まれて生きる。うまく人間界、天上界（人天）の果報《かほう》に恵まれればよいが、四悪趣の世界に堕ちないとはかぎらない。そこで、四悪趣に堕ちないために、遺族らが、真剣に供養してやらなくてはならないのである。その供養（応援）で、人・天の世界に戻ることを願うのだが、釈尊が教えていることは、そうした輪廻のサイクルから抜け出すことを説いているのである。これを「解脱《げだつ》」といって、これこそが悟りの世界で、釈尊が北インドで紀元前四、五世紀に創唱した仏教のオリジナルな主題の一つなのである。

解脱した者は「十界」の「四聖《しせい》」の世界に行くのである。

四聖は、下から、⑦「声聞《しょうもん》」で、仏の教えを聞いて悟る世界だが、自分だけの悟りなので小さな悟りで、小乗《しょうじょう》と言う。しかし、悟りを得た者なので阿羅漢《あらかん》である。

阿羅漢は、梵語（arhan）の音写で、尊敬・供養を受けるのに価するという意味で、

「応供《おうぐ》」とも訳される。略して羅漢ともいう。四聖（四果）の第四位である。シュラーヴァカ（śrāvaka）と梵語で記されることもある。

⑧「縁覚《えんがく》（独覚《どっかく》）」は、四聖の第三位で、因縁を感じて独り悟りを楽しむ世界で、これも小さな悟りで小乗である。声聞・縁覚を合わせて「二乗《にじょう》」と言うことがある。縁覚は、梵語でプラティエーカ・ブッダ（pratyeka-buddha）と記され、辟支仏《びゃくしぶつ》とも言われる。経典では、阿羅漢、辟支仏と記されていることのほうが多いかもしれない。

⑨「菩薩」は、梵語でボーディサットヴァ（bodhisattva）である。音写されて「菩提薩埵《ぼだいさった》」となり、なかの二文字で「菩薩《ぼさつ》」と呼ばれるようになった。代表的なのが「観世音《かんぜおん》菩薩」や「地蔵《じぞう》菩薩」「文殊師利《もんじゅしり》菩薩」「普賢《ふげん》菩薩」で、菩薩の仲間はたいへんに多い。他者とともに悟りを得ようと願をおこして、目下も修行中なのであるが、その修行とは「救世《ぐぜ》」の行《ぎょう》で、世の人びとを救わずにはおかないという、たいへんに難儀な修行である。そのゆえに大乗《だいじょう》と言うことになる。

この上に、最高位の、⑩「如来《にょらい》（buddha）＝仏陀《ブッダ》」がいる。完全なる悟りの世界で、「阿耨多羅三藐三菩提《あのくたらさんみゃくさんぼだい》」と言う。梵語でアヌッタラーサミャクサムボーディ（anuttarā samyaksambodhiḥ）の音写である。仏陀の悟りで「無上正等正覚」「無上正遍知」と訳されている。

地獄から如来まで十の階段がある。六段目までは、輪廻転生のサイクルの凡夫の世界であるが、七段目からは聖者の階段であり、この七段目に至るには、輪廻のサイクルから、脱出＝解脱をしなければ、足をかけることはできない。そして「二乗」から、速《はや》く「如来」の世界の悟りを得なさい、それこそが「如来一乗」という、釈尊が意図している世界なのであり、七・八・九段の悟りは、善巧《ぜんぎょう》方便の悟りにすぎない、と釈尊は説いているのである。

以上が釈迦という仏の弟子がたどらなければいけない道であって、たどりきることを「成仏」と言うのである。

釈迦は、実にいろいろな呼ばれ方をする人で、「如来十号」という、短い経典にな

っているほどで、

「南無如来《なむにょらい》・応供《おうぐ》・正遍知《しょうへんち》・明行足《みょうぎょうそく》・善逝《ぜんぜい》・世間解《せけんげ》・無上士《むじょうし》・調御丈夫《ちょうごじょうぶ》・天人師《てんにんし》・仏世尊《ぶっせそん》」

というのが如来十号で、石塔・仏壇・位牌の点眼（開眼）法として唱える僧侶もいる。

これ以外にも「悉達多太子《しっだったたいし》」「釈迦牟尼仏《しゃかむにぶつ》」「釈迦如来」「釈尊」「世尊」……とキリがなくあるが、経典では「世尊」として登場することが多い。

ところで、既述のことを大別すると、

① 六趣輪廻で人・天の果報を得る。

② 如来一乗で真の聖者として仏と成る。

という方法がある。

一般に「成仏」と言うが、さて、どちらを希望して「成仏」と唱えているのであろうか。

「家族葬」で、家族愛で、成仏するように、故人を送る、と言うが、①なのだろうか、②なのだろうか。

これまで、従来型の没後作僧による葬儀で、それは多くのご遺族の方々とお会いしてきたが、世尊の導く「如来一乗」ではなく、意外にも①の六趣輪廻で、人間として、この世に再び戻ってきてほしい、という希望のほうが多いのである。そして、

「いつか帰ってくる」

と信じているのである。故人への哀悼と同時に、未練が断ち切れないのであろう。

それと同時に、日本の仏教は、釈迦の唱えた純粋仏教とは異なった、日本民族の民俗が混淆《こんこう》した、「日本仏教」というものになっていると思える。

それはそれで、社会の求めるニーズによる「日本仏教」なのであろう。情感を論理で逆撫でする必要はないと思う。

しかし、釈尊の創唱した仏教の根底も、それとは別に、しっかりと押さえておく必要がある。この、トンでもなくめんどうな仏教の哲理は、ゆっくりと時間をかけて浸

透させてゆくほかはないであろう。

とりあえず「家族葬」で、家族愛が求めているものを提示して、半歩でも、一歩でも、仏教に近づいてもらうことが、具体的な急務なのであろうと考えている。

4　葬儀前・中・後の宗教のケア

仏教には、葬儀の執行《しぎょう》とは別に、葬儀同様に大切なことがある。

自己の修行ということである。しかし、寺院の経営ということで、その部分が抹殺されてしまうように思えるのだが、そうではない。寺院の経営も、葬儀も、他行だが、他行を通じて自行に結びつけてゆく心がけが大切なのであろう。

そして、葬儀以外に大切なことも、他行の一つである。それは、カウンセリングであり、ヒーリングであり、ご祈禱であり、お祓《はら》いであったりするが、これらはすべて、総合的に、相談であり、カウンセリングなのである。

宗派によっては、住職研修会に、臨床心理士を招いて、遅蒔《おそま》きながら、カウンセリングの技術を学ばせているところもある。やらないよりは、やったほうがいいのは当然だが、つけ焼き刃でどうなるものではない。

けれども、檀信徒の精神的な苦悩の聞き役、そして、ときに助言をしたり、場合によっては、祈禱をしてあげることは、重要なことである。これは僧侶にしかできない役割なのである。

友人の精神医と話をしたことがある。

「お坊さんはいいですね、拝めるから。われわれは、霊魂や神仏のことは、医学の信用のためにも無理なのですよ。しかし、患者のなかには、なにかが憑《つ》いている。それを取ってくれ、と言われたら、手も足も出ませんよ」

というのが医師のことばであった。医学でも、どうすることもできないものを、僧侶は、祈禱で祓《はら》うことができる。それも、立派なカウンセリング、ヒーリングでしょう、と言った。

このことばは重要である。

カウンセリング、精神的慰撫の具体的な形として、葬儀を捉えなおすことができるのではないか。

通夜の前に葬家の喪主らと会うと、誰もが、悲嘆と、疲労と、不安の表情をしている。

ともかく話を聞き、頷《うなず》いて、

「ご安心ください。通夜、葬儀は、まごころをこめて、お務めをさせていただきます」

と言うと、彼らは、少し安心の色を見せる。

ざわついていた葬儀場に、僧侶が姿を見せるだけで、安堵《あんど》の色を浮かべて、シーンとなる。僧侶の影響力は、強いものである。葬祭心理として、葬家は、葬儀に関しては、真剣に僧侶を頼っているのである。僧侶の顔、姿を見るまで、言いしれぬ不安の時間を過ごしていたに違いない。

患者が医師を見るときと、どこが違うのだろう。救いを求めている。それを、すべて受けとめるのが僧侶の役目なのである。

入道場して、執行を開始すると、背中に多くの視線を感じる。

読経を始めると、僧侶だけにわかる賑やかさを感じる。故人が、まだ色体《しきたい》（眼に見える体。それが遺体であっても）で、龕《がん》（柩）の中に納められている。それが、私の眼前にある。遺影も、位牌も。私は、故人と話をするように、読経を進行していく。私のこうした体質は、告白すると、私の祖母と母が霊媒師であったことと無関係ではないのかもしれない。私自身は、子供のころから、二人が行《ぎょう》じている姿は見ていたが、修行はしたことはない。しかし、体質というのか、DNAは受け継いでいるのかもしれない。霊媒師などというのは、修行してなるというようなものではなくて、体質的なものだろう。

僧侶にはなったが、通夜・葬儀となると、どうしても、故人と話をするような感覚になってしまうのだ。善し悪しの問題ではなくて、それが私のスタイルなのであろう。

当然、執行に熱が入ってゆくのが自分でもわかる。

そうしたことは、近くにいる遺族たちにも伝わっていくようである。決して、日常では行われることのない、奥深く、神秘的な行《ぎょう》が執《と》り行われている、と胸が熱くなったり、心の奥底から、突き上げてくるような騒ぎを、理由をつけようもなく感じてしまうのである。

そうなのだ、「理由のつけようもないもの」こそが〝人の死〟であり、信仰であり、仏教（宗教《レリジョン》）なのである。故人が、これから向かう、仮に旅としよう、日本人は古来「死出の旅」と表現してきており、死に装束は、純白の旅装束と決まっていた。巡礼の姿である。その旅の行く手は「異次元」である。その故人の消息を「どうなっているのか？」と詮索してみても、詮《せん》ないことであり、ことばでは、表現しきれる世界ではない。

これを『瓔珞経《ようらくきょう》』では、「言語道断」と表現している。それが一般にも入って使用されるようになったが、「ことばで表現しきれない」の意である。

このときに、私の前の白木の位牌には、法号の上に、少し小さめに「新帰元」の文字がある。これを〝頭文《かしらぶん》〟と言うのであるが、「新たに元来た道に帰って行く人」の意なのである。元来た道（世界）は、誰もが歩いてきたことのあるはずの道なのであるが、私も含めて、その来た道（世界）は、誰も記憶していない。

フェード・インで誕生して、一期を活躍して、やがて、フェード・アウトで今生を去る。

誰もが、平等である。誕生してくる理由は、誰もわからない。フェード・アウトの理由もわからない。

誰もが記憶していない道（世界）を、仏の世界、「法界《ほっかい》」と呼ぶことにしよう。清浄な世界である。

故人は、そこに戻っていくのである。言語道断の世界である。

帰る道には二つあることは既述した。

「輪廻転生」と「聖者となって成仏する道（如来一乗）」とがある。

人は、ピラミッドの古代エジプトの時代から、この世に未練タップリで、死後の再生のことばかりが、壁画の象形文字や、パピルスのエジプト古代文字で、これでもかこれでもかと書きつらねてある。

人の死後は、人類の最大のテーマだったのであろう。古代インドのバラモン教が衰弱に向かいはじめたとき、沙門《しゃもん》たちは、新しい宗教を求めて、林野に入り、修行をした。釈迦もその一人であった。『ウパニシャッド』（ヴェーダの終わりで、ヴェーダの極致）とも言われたが、通常、『奥義書』と呼ばれる。『木村泰賢全集』第一巻「印度哲学宗教史」（大法輪閣刊）が、これに詳しい。

『ウパニシャッド』のなかに、林野で修行する人びと（沙門）のことが記されてある。

『ウパニシャッド』は、既述のように、ヴェーダの極致であるところから、ヴェーダーンタとも呼ばれた。

ウパニシャッドは、「近くに坐す」の意で、師弟が間近に坐して「秘密の教義」を伝授したところから、秘義を載せた聖典（「奥義書」）の名となったのである。

のちには、その教説を集録した文献の総称となった。こうした文献については『仏教とは何か――その思想を検証する』（大正大学仏教学科編、大法輪閣刊）に詳述されている。これらについて述べることは本書の主題から外れすぎてしまうので、筆を止めるが、この『ウパニシャッド』における主題の一つに、輪廻からの解脱がすでに説かれており、その一つに〝五火二道説〟があったのである。

バラモン教の衰退は、思想の自由をもたらして、「六師外道（六人の沙門）」などを輩出して、ジャイナ教なども生んだが、やがて、釈尊の創唱した仏教に収斂《しゅうれん》されていった。

しかし、こうした思想の流れが、多分に仏教に影響を与えていったことは否定できない。

思想・文化というのは、あるとき、突然変異的に、突出したものが創唱されるわけではない。

あのマルクスにしても、突然変異的に顕われたものではなくて、ヘーゲル左派や、ライン新聞等々の影響を受けて、マルキシズムが形成されていったものであろう。

仏教も例外ではない。

しかし、こうした複雑な、仏教の成立過程や教義を、遺体を前にして、遺族にクドクドと述べてみても、いかにも詮ないことなのである。また、遺族も、聞く耳をもっていないであろう。

5　遺族の希望

遺族（家族）の希望の第一は、故人の死がまちがいで、実は、まだ死んではいないということで、故人が、ひょいと起き上がって、

「どうしたの？」

と言ってくれることではあるまいか。

しかし、例外もある。故人が認知症などで、十年以上も看病をつづけていた場合は、その間、遺族は、故人の看病で、地獄のような日常を送っていたりもするわけで、経済的にも重い負担を強いられるので、背に腹はかえられず、

「死んでもらったほうが、お互いに幸福」

という、肚《はら》の内を第三者に見せたくないような事情もあるだろう。

「死んだら、生命保険が入ってくる」

という切ない事情もあるが、それらの事情を、誰が責めることができようか。殺すのではない。自然死（病死）なのである。

それほど、現代は、死ぬことよりも、生きていくことのほうが難儀になっているのである。

そうしたあまりにも切ない事情を除いて、遺族の情感だけを考えれば、よみがえっ

てほしいと願うのが一番であろう。

だが、これだけ医学の進歩している時代である。医師が、

「ご臨終です」

と告げた者が、よみがえることは、まずないであろう。

次に、遺族が望むのは、

「安らかに眠ってほしい」

ということであろう。その後に「成仏」してほしいということなのだが、この「成仏」には、いろいろな意味が含まれている。

「成仏」の第一には、故人が「逝《い》くべきところ」に素直に逝ってほしい、ということがあるだろう。

けれども、その肝心な、「逝くべきところ」が「どこ」なのか？　誰にもわかっていないのである。

「極楽浄土」「天国」「お星さまになる」いろいろに言えるが、言いながらも、確信を

もっている者は一人もいない。

声の大きな者（発言力の強い者）が、

「極楽浄土に逝った」

と言えば、全員が、

「そうよね」

と、自分で自分を納得させるほかはないのである。反面、寿命が尽きること、つまり、死の世界が、そんな単純なものではないことを、薄々承知をしているのであるが、誰も、そのことには触れたがらない。つまらないことを言って、全員から白い目で見られたり、叱られたりするのを恐れるのだが、実は、全員が思っているのである。

たとえば、

「地獄って本当にあるのかなあ」

などということは、口が裂けても、言えるものではない。

故人の死後の〝安楽〟を願うのみである。

そして、できれば、一日も早く、この世に再び舞い戻ってほしいと願っているのである。

それゆえに、僧侶も、「回向文《えこうもん》」のなかで、

「人天果報《にんでんかほう》を得て……」

と読むのである。僧侶ならば、「成仏」とは「如来一乗」にほかならないことを熟知しているはずである。

しかし、遺族の人情機微を考慮して、解脱ではなく、六趣輪廻の〝天上界〟〝人間界〟に戻れと読むのである。僧侶の人情の機微を心得たサービスの回向文であるというほかはない。そうでなければ、仏教の法《おしえ》（ダルマ）の真髄に背くことになるわけだが、僧侶仲間どうしで「人天果報」の回向文について、クレームをつけた者はいない。六趣輪廻を願い、解脱の道を放棄しているのにである。

ちなみに、再生することをチベット語で「ポア」（ポワ）という。某新・新宗教の

教祖は、殺人指令を「ポアしろ」と言ったが、意味をまちがえている。殺害した人間の再生《ポア》を願って、そう言ったのかもしれない。「再生しなければ駄目なヤツ」という意味で殺害指令の語にしたのかもしれない。しかし、これは、本来の〝再生《ポア》〟とは異なる。

僧侶の回向文の「人天果報」は明確に〝再生《ポア》〟である。

僧侶は、なぜ、「如来一乗」の「成仏」ではなく、六趣輪廻の〝再生《ポア》〟を願うのだろう。

そこには、日本民族特有の願望、換言すれば、遺族の第一位の希望が、解脱ではなくて、

「いつか還《かえ》ってくる」

という〝輪廻転生〟の希望があるからである。しかし、この希望は、故人の希望ではない。まだ寿命のある、現に今生を生きている「遺族」の希望なのである。故人である死者は、なにも語ってはいない。

その意味では、葬儀は、生きている者たちの儀式であるとも、十分に言えるのである。

生きている者たちが、故人の死後も十分に精神的に生きやすい状態をつくりだすのが、葬儀でもある。

「迷わずに成仏してほしい」

というのは、生者たちの、切ない罪滅ぼしの儀式でもあるのだ。

日本民族の多くは、神仏よりも、自分のご先祖を信じる民族である。

神仏は、ご先祖を「補佐」し、「救けてくれる（外護《げご》）」存在であればよいのである。

神も仏もないが、ご先祖は存在するのである。

それゆえに、ご先祖さまをも「仏さま」と呼ぶし、死んだばかりの故人をも「仏《ほとけ》」と呼ぶ。「新仏《にいぼとけ》」という言い方は、故人をさしているのである。

したがって、仏教というよりは「ご先祖教」というのが、日本の場合、情的に正しいのかもしれない。

それをあえて仏教民俗と呼んでいるが、宗教民俗なのかもしれない。「死の民俗学」なのであろう。

逝った人間は、必ず還ってくる、という、輪廻転生の思考法が、日本民族にはフィットしやすいのであろう。

だからこそ、「誰々の生まれ変わり」とか、「前世は誰々であった」といった、一時《いっとき》のニューエイジの考え方や、霊媒師、スピリチュアル・カウンセラー、占い師といった人たちの存在理由があるのだろう。

肯定も、否定もできない世界である。見てきた者はいないのだ。ゆえに、釈迦は「無記」なのである。ポン！　と拍手を一つして、「今のは右手が鳴ったのか、左手が鳴ったのか？」と訊《き》くのに等しい。答えは、両手が鳴ったのである。それを右手のみが鳴ったように言うのは奇妙である。

言えば、死とは、出入りの息の絶えた状態で、意識もなくなり、心肺停止の状態で、脳波もないことで、一期《いちご》の終わりである。

それ以上でも、以下でもない。死以降は、生きている人の心の中で、残像・思い出・思い込みとして生きてゆくのである。

そして、時と場合によっては、死は、生きていることよりも、楽だと思わせることさえあって、それが「自殺」を生む。

しかし、自殺ほど安易な道はない。

それゆえに、仏教では、自殺を禁じている。

「自殺をすると、地獄に堕ちる」

とさとしているのである。が、僧侶が、本堂で、首を吊った例もある。理由は、サラ金の取り立ての厳しさであった。

今の高利貸しは、人間の臓器をも売却しかねない。地獄の鬼よりも恐いのが高利貸しで、そのバックは銀行で、銀行が赤字だと、政府が、国民の税金で助ける。なんのことはない、現世の政府と銀行のほうが、地獄の鬼よりも恐いのである。

そんな現世であっても、遺族は、故人に生まれ変わってほしいと願うのである。

不思議なことでもなんでもない。それが、日本人という民族なのである。古来、そういう民族で、ご先祖教という台木に接ぎ木したのが、それ以降の宗教なのであって、仏教も例外ではない。渡来の宗教であるが、ご先祖教という台木に、巧みに接ぎ木に成功して、花開いただけである。

しかし、台木のご先祖教は揺《ゆ》らぎもしない。

それゆえであろうか、故人を最初に、あの世で迎えに出るのは、神でも、仏でも、菩薩でもなくて、先に逝っている「ご先祖さま」たちである、という民間伝説が、根強くある。

こうしてみると、ますます、葬儀の形式など、自由なものなのだとわかってくる。直葬《じきそう》（なにもせずに火葬場に運んで荼毘にふす方式で〝処理〟である）が、全体の葬儀の二割から三割（八割という報道もあった）になりつつあるというのは、葬儀社泣かせ、寺院泣かせなことではあるが、「死んだ者より、生きている者の生活」という考えも、責めるわけにはいかない。

それだけ、せちがらい社会に生きているのだ、ということであろう。

そのくせ、当たるか、当たらぬかわからぬ占いに何十万円も注《つ》ぎ込んだり、海外旅行や、温泉旅行には行くのである。

安くて、家族たちの思いどおりにいく葬儀。

それの行き着いた先が「家族葬」なのである。

第三章　家族参加型儀式

1　参加型によって家族の心の整理をつける

伝統仏教がパワーを失っていくのに対して、新興宗教はパワーを増大している。

なぜなのだろう。新興宗教に惹かれる魅力の一つに「座談会」というものがある。

小単位で、民家に集い、ありとあらゆる話をしあって、仲間意識のきずなを深めていくのである。

新規会員がいれば、彼を主役にして、日ごろ思っているつらいことや、うっぷんを、すべて車座のなかで話をさせて、うなずきあいながら、すべてを聞いてやり、終われば拍手をして、主役であることを認識させて、感動させる。つらいことへの助言もしてやる。

これで、新会員は、その宗教のトリコになってしまうのである。

人間には、参加する楽しさ、話を聞いてもらう嬉しさ、いわんや主役になれた感激というのは、忘れられるものではない。

（私には、こんなすばらしい仲間ができた）

というのは、ともすれば、孤独が友の現代社会において、とてもすばらしいできごとなのである。

これにハマると、抜けられない。座談会の仲間のなかで、少しでも優位な地位に就きたくなる。

座談会のなかには、いろいろな役職や勲章が用意されていて、仲間を勧誘すれば地位が上がるシステムになっている。

それにつられて、会員はネズミ算で増えていく。

まして介護年齢の年寄りをかかえていたりすると、組織力で、少しでも有利な病院や、介護センターを探してやる。生活丸がかえ状態である。

「こういうありがたいことに、ご縁ができたのも教祖様のお蔭なのよ。お勤めに精を出しなさい」

と幹部から指導を受けて、ますます会員の獲得に精を出していくのである。

これが新興宗教の常套手段である。教勢は増大していく。悪いことではない。くやしかったら、伝統仏教の僧侶や寺院も、そうやればいいのだが、現実に、そういう布教活動はしていない。ご先祖の菩提寺の上にアグラをかいている。なにもしない。当然、パワーダウンする。

参加するべきことが菩提寺にはないのだ。年に何度かある催事に出向いても、住職のおもしろくもない説教を聞いて帰ってくるだけだ。

檀信徒としての感動がないのである。

これは、冷静に判断して、新興宗教の勝ちである。

しかし、そうした新興宗教の手法はオリジナルかというと、そうではない。

かつての伝統仏教の当初には、「三昧講《ざんまいこう》」という組織があって、源信の『往生要集』などをみると、二十五人くらいで一つの講をつくるということが書かれてある。

伝統仏教も、そうやって仏教を大衆化して、組織をつくっていたのだ。

それを、いつしかやらなくなった。とくに、禅宗は大衆化が下手である。上手なのは一向宗であった。浄土真宗や、日蓮宗であった。

「南無阿弥陀仏と唱えれば救われる」

「南無妙法蓮華経と唱えれば救われる」

という二大教団で、大衆にしたら受け入れやすかった。

真言宗の密教は、教義が複雑でわかりにくい。そこで、弘法大師の、お大師さま信仰に切り換えた。

禅宗は、坐って悟れである。無理だ。言っているほうも悟ってなどいないのである。坐禅会をやって成功した寺院の話など聞いたことがない。どだい、僧侶が、高圧的にすぎる。

参加できる歓喜が、なにもないではないか。

葬儀も同様である。

某新興宗教では、以前から「友人葬」に切り換えて、僧侶の出席はない。教団の幹部が導師役となり、信者たちが参加して題目を唱える。参加型の葬儀である。

禅宗にも「南無釈迦牟尼仏」という称名《しょうみょう》はある。しかし「ナムシャカムニブツ」というのは、いかにも連続して唱えにくい。そのためであろうか、檀信徒がそろって唱えているのは聞いたことがない。ないのも同然である。

それよりも曹洞宗なら「南無元（道元）禅師」（ナムゲンゼンジ）、臨済宗なら「南無西（栄西）大師」（ナムサイダイシ）のほうが発音しやすい。もっといえば「南無十方三世仏」（ナムジーホーサンシーフー）ですむはずだ。僧侶は似たように唱えている。意味は「南無（帰依）宇宙中の仏さま」である。このほうが唱えやすいではないか。なぜ、そうしないのだろう。不思議でならない。釈迦牟尼仏も入っている。それでも違反なのかな？

私は世俗の垢にまみれきった四十代で僧侶になって、お蔭さまで、未掛搭《みかとう（た）》（専門道場に入っていないこと）ですんだ。専門僧堂には、行きたいとも思わない。乞食坊主でたくさんである。法階・僧階も要らない。なんなら還俗《げんぞく》して、在家仏教でもかまわない。初めから一匹狼である。単立の宗教法人でやっている。気が向いたり、葬式が入ると、バリカンで頭髪を刈っている。

葬儀も、なんとか葬家参加型に変えたいと思っている。

通夜・葬儀に、家族が参加することで、たんなる、僧侶が読経して、家族がそれを聞き、焼香をして、式を閉じてしまう、従来型の葬儀でないものはできないものか。

そうした従来型の葬儀には、葬家側も、十分すぎるほど、飽きあきしているはずで、そういう方式ではない、もっと自分たちの意思の反映された通夜・葬儀を希望しているはずである。

その希望に少しでも近づいた、参加型の葬儀の法式が、試案としてもできないものかと思っている。

それが、本書の主題でもある。

2　家族葬における僧侶の役割

さて、「家族葬」と「一般葬」と、どこが異なり、どこで線引きするのかは、きわめて注意を要する。

たんに、葬儀の規模が小さかったら「家族葬」かといったら、おそらくそうではあるまい。

葬家側が従来型の葬儀を否定して、

「自分たち家族の愛だけで、儀式を誰にも気がねすることなく取り行い、故人を見送りたい」

という思いが強まって、一切の社交性を遮断して、柩を、家族だけで取り囲む。

これは一つの見識であり、ニーズとしても、定着の気配を見せている。

東京の大手の葬儀社の葬儀会場でも、すでにいくつもの、そうした「家族葬」用の会場を用意している。

自宅のリビングを想わせるような雰囲気の式場にしているのだ。

けれども、ここで大きな問題に突き当たっている。

それは、ユーザー（葬家）にも、葬儀社にも、解決のできない問題である。

通夜・葬儀を通じての、宗教上の「法式《ほっしき》（次第）」の問題だからである。

いやしくも、宗教（仏教）上の〝法式〟となったら、読経や、作法（儀軌）の一つひとつに、それなりの、宗教上の裏づけが求められたうえで、ユーザーの希望どおりの、家族愛のこもった法式でなくてはならない。

これは、儀式を執行《しぎょう》する僧侶にとっては、何宗何派であれ、難題というほかはない。

一番無難なのは、従来どおりに、通夜に没後作僧を行い、従来どおりの読経で、持ち時間を消化するということである。

これなら、なんの波乱も起こらないであろう。その代わり、なんの感動も与えられないのも確かなことで、それが浸透していけば、「聖職者不用論」が、澎湃《ほうはい》として勃《おこ》り、僧侶が、柩壇の前で読経することが、きわめてめずらしいということになるのではないであろうか。

私は、まず、葬家に僧侶が背を向けて、執行する形式を変えたい。

従来の式場のレイアウトを概観して記せば、117頁の第一図のごときものであろう。

第一図

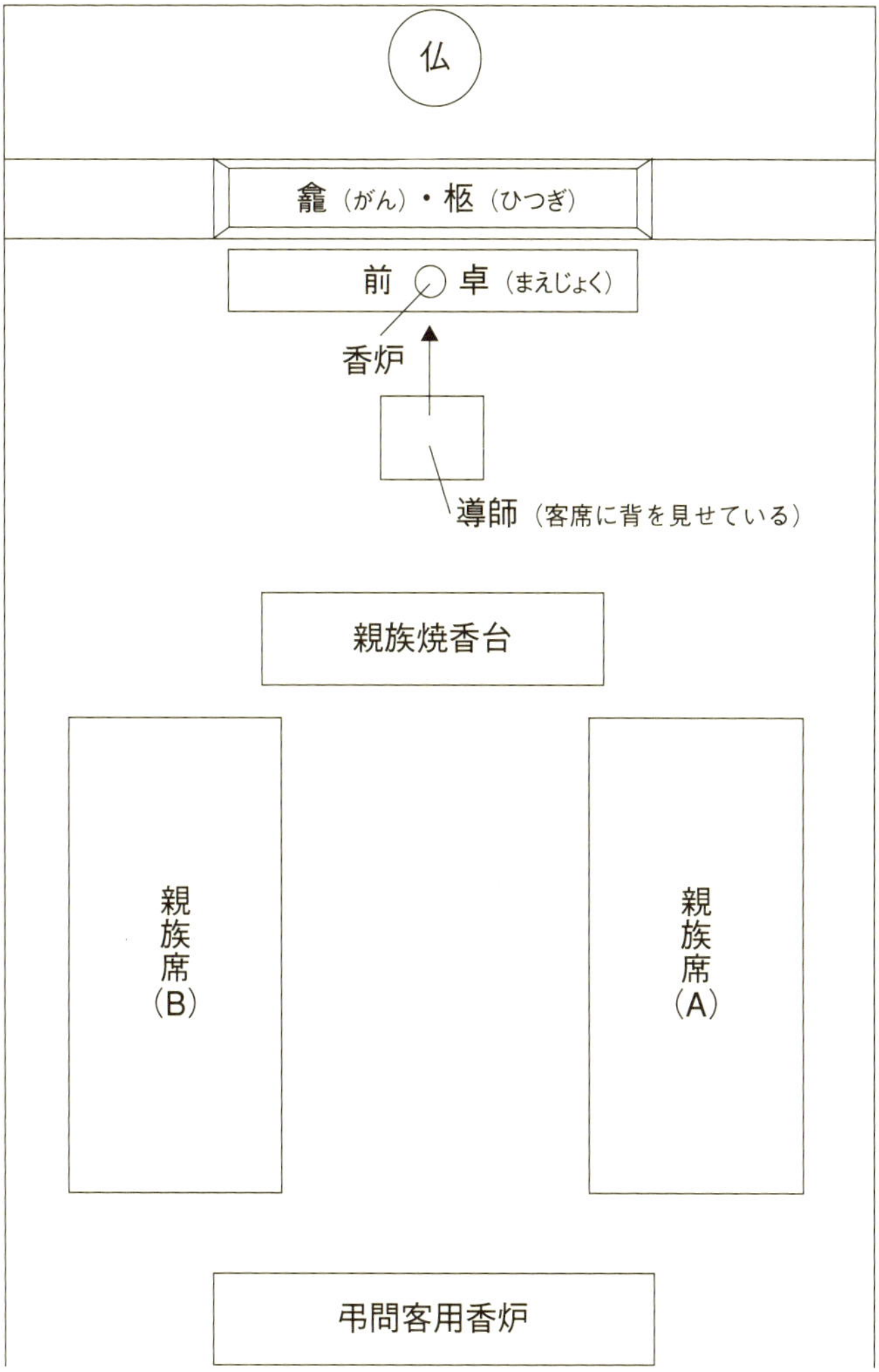
仏
龕（がん）・柩（ひつぎ）
前　卓（まえじょく）
香炉
導師（客席に背を見せている）
親族焼香台
親族席（B）
親族席（A）
弔問客用香炉

これが一般的である。
そこで、この現状型にアレンジメントを加えたのが、119頁の第二図である。
導師が芯を外して、向かって右斜めに座し、導師机を置いて見台と小ぶりの炉を置く。
こうすることによって、仏や故人に、導師が尻を向けることは避けられる。
しかも、葬家の皆さんと、対面することができるのである。
これで、お話をしながら、儀式を執行することができる。

第　二　図

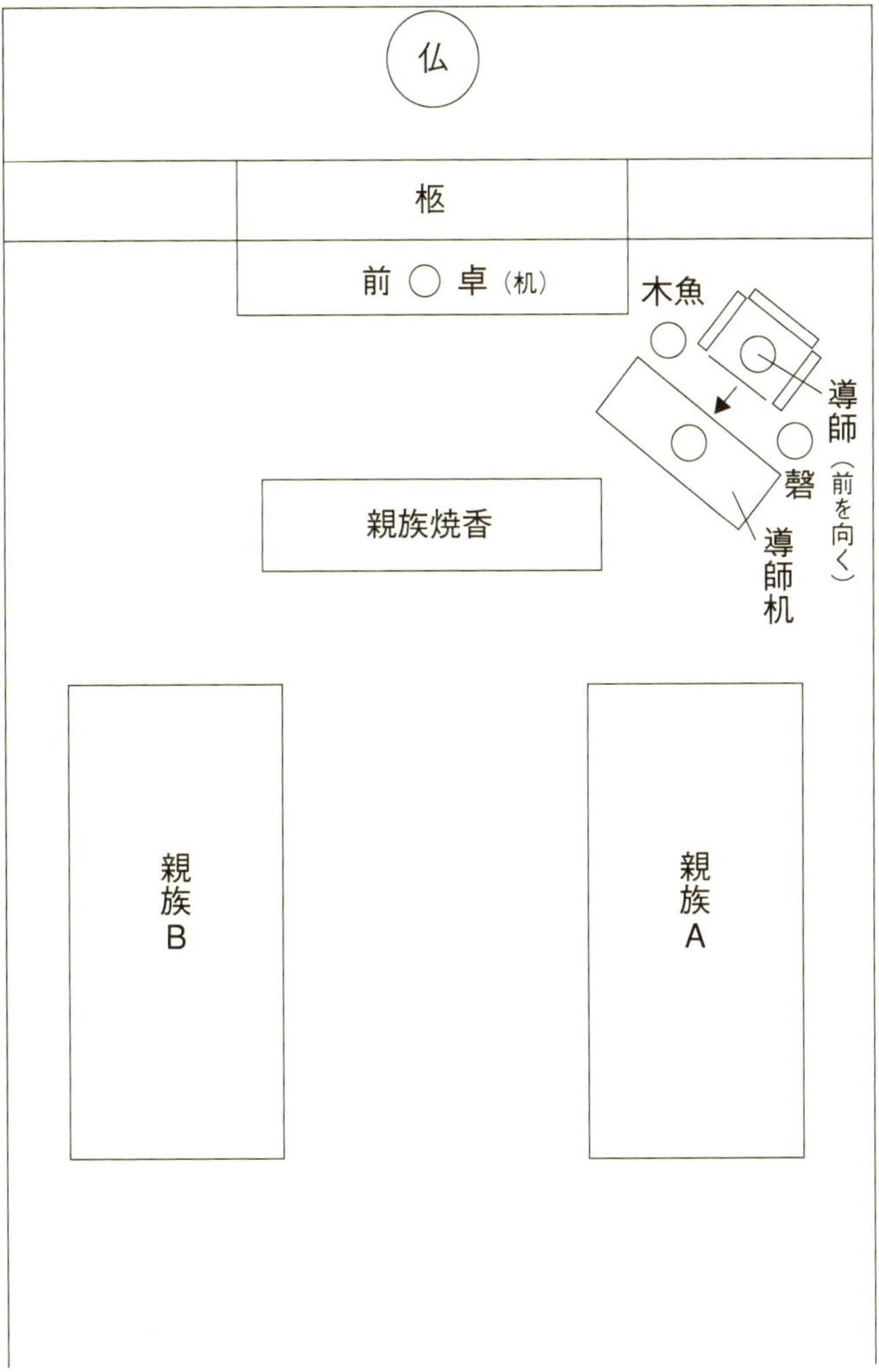

次に「御本尊」であるが、三つ折り観音開き式のものを用いる。

それは、第三図のようなものにならざるをえないであろう。

これを「六方礼経曼荼羅《ろっぽうらいきょうまんだら》」と言うのである。

一切の宗派に片寄ることはない。「超宗派」の曼荼羅だからである。

これを大・中・小と用意すれば、お仏壇でも使えるので、即販売が可能であるから、○○家に葬家の名を入れてよいことになり、いっそう重味が増す。

右袖に○○家先祖代々、左袖に十三仏の種子(字)曼荼羅を祀《まつ》った。

十三仏信仰というのは各地に根強く残っているので、のちのちの供養を考えて加えることにした。本来は葬儀後の供養のための信仰であるが、葬儀の場に祭祀しても不都合ではない。

第三図

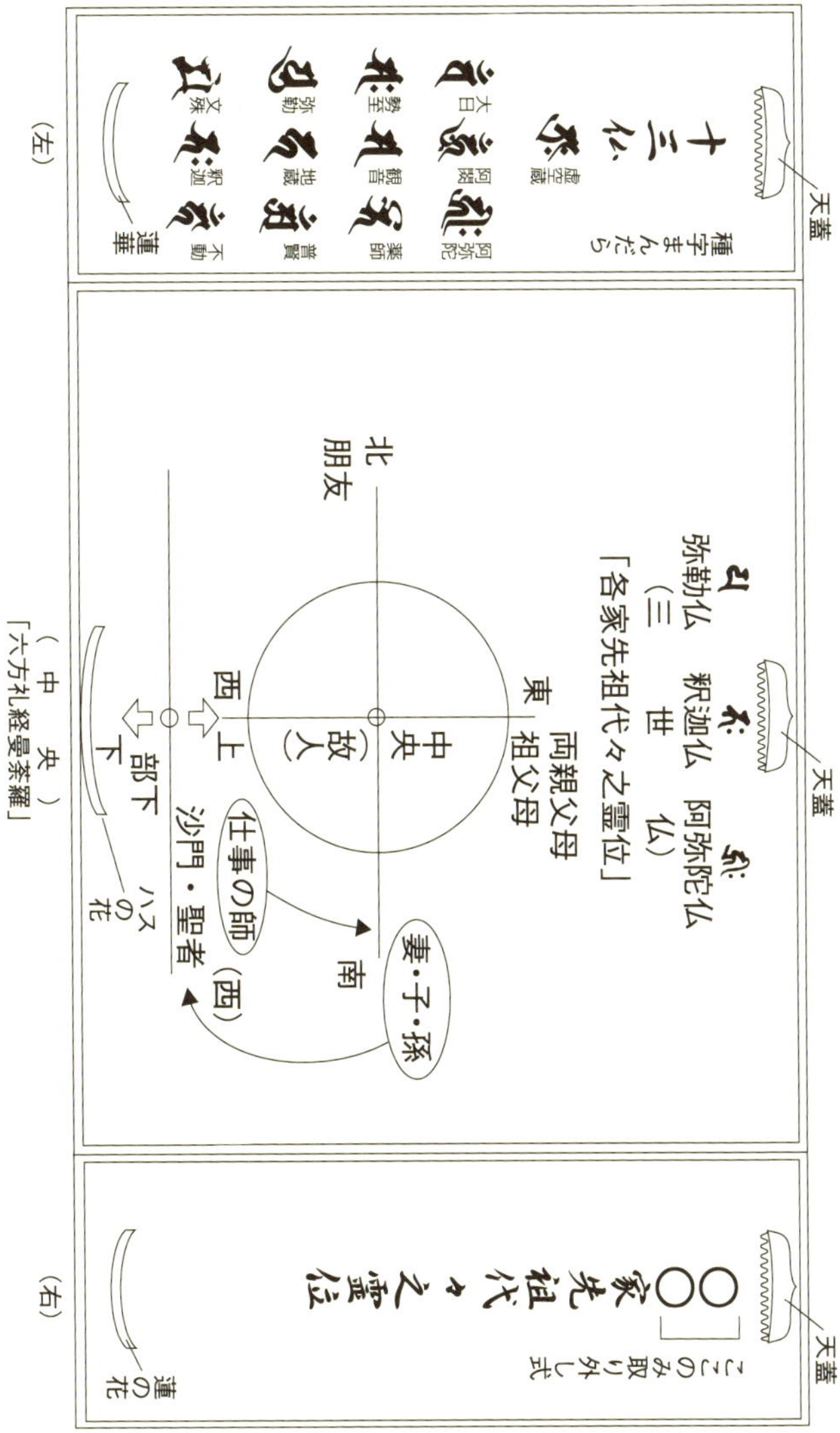
天蓋
種字まんだら
十三仏
虚空蔵
阿閦
大日
阿弥陀
薬師
観音
勢至
普賢
地蔵
弥勒
不動
釈迦
文殊
蓮華
(左)
天蓋
弥勒仏 釈迦仏 阿弥陀仏
(三 世 仏)
「各家先祖代々之霊位」
東
両親父母
祖父母
中央
(故人)
西
上
北
朋友
南
妻・子・孫
仕事の師
沙門・聖者(西)
部下
下
ハスの花
(中 央)
「六方礼経曼荼羅」
天蓋
○○家先祖代々之霊位
ここのみ取り外し式
蓮の花
(右)

3 「六方礼経曼荼羅」について

(『六方礼経』の抜粋は次節に載せる)

東・西・南・北で四方。これに、上と下で六方である。東北・西北・東南・西南を加えると「十方」になるが、釈尊は『十方礼経』ではなく『仏説六方礼経』を、シンガーラカに説いて聞かせたのである。

これは、まさに「家族」を説いた経典である。

この経典ゆえに、〝没後作僧〟はなくとも、「家族愛」によって、故人は「成仏」してゆくのである。

この経典を、遺族に向かい、ごく普通のことばで説いて聞かせるのである。

もちろん、魚鱗(木魚)などでの読誦であってもよいが、私は語ることが大切だと思っている。

東に祖父母・父母を礼し、南に妻子・孫を礼し、西に仕事を教えてくれた師を礼し、北に朋友らを礼し、下に部下を礼し、上に沙門・聖者を礼するのである。

かくて、すべての方角は守護されるのである。

これ以上、家族葬に裏づけが必要ならば、『仏説父母《ぶも》恩重経《おんじゅうきょう》』を抜粋して読めばよいであろう。

こうして、故人は、仏とともに、家族らの手厚い供養を受けて、逝くべきところに逝くのである。

ここから先は、第七章の「次第」にまかせたい。

「家族葬」で、宗教家を招《よ》ぶというデータは取られていない。各葬儀社の企業秘密事項に属することなのだと思う。したがって、招ぶこともあれば、招ばないこともあるという、あいまいなことしか言えない。どちらも自由なのである。

ただ、招んだ場合、招ばれた宗教家(僧侶)が、「家族葬」用の法式を準備しているかといったら、準備をしていない、という答えのほうが多いのではないか、という予測はつく。

そのような「法式集」「次第集」「儀軌集」は、どこからも出版されていないというのが現実だからである。

それゆえに、従来型の「没後作僧」法式を執行するほかはないということであろう。

ちなみに、従来型の葬法を第五章で、法式の順序に沿って掲げておく。が、そうした法式の前に、「家族葬」の御本尊である「六方礼経曼荼羅」について、詳述しておく必要があるであろう。

「六方礼経曼荼羅」を詳述するのには、その根本となる『仏説六方礼経』について述べる必要がある。

『仏説六方礼経』の全文となると、長文に及んでしまうので、その「略義」を掲載することで、ご容赦を願いたい。

4 『仏説六方礼経』略義

覚心 謹抄訳

あるとき、世尊は、富裕なる居士の息子シンガーラカに、六方礼の法《のり》を説き給えり。

世尊、言《もう》して曰《もう》さく、

「聖者の律《りつ》における六方とは、六隅《ろくぐう》(平面の六か所)には非《あら》ず、そは邪見なり、正しくは、東西南北の四方と、上下の二方なり。

東方に配さるるは、父母にして、子に奉仕《ぶし(ほうし)》、供養さるるべし。両親によりて養育されし我は、両親を養い、務めを成し、家督を相続し、相続を正しく成し、諸々の亡き祖霊に対し、時に応じた供養を成すべし。

然《しか》あれば、子によりて、奉仕、供養された父母は、子を愛するが故に、罪悪より遠《おん》離《り》し、善行を尊《たっと》ばせ、技能を学ばせ、佳《よ》き妻を迎え、時機《とき》に応じて、家督を禅譲す。

是《かる》が故に、彼《か》の東方は、守護され、安穏にして恐怖《くふ》あることなからん。

法《おしえ》を聞く者、シンガーラカよ。南方に配されたる師は、弟子によりて、奉仕《ぶし(ほうし)》、供養さるるべし。立礼と近侍《きんじ》と従順と給仕とで、謹んで家芸を受くる。

師は善き教育の法で、弟子を学ばせ、善く保持したものを保持させ、学芸を熟達させ、朋友、知人の間に称揚し、諸方からの守護を成す。

是が故に、彼の南方は守護され、安穏にして恐怖あることなからん。

法を聞く者、シンガーラカよ。西方に配されし妻女は、夫によりて奉仕、供養さるるべし。敬意、礼儀、不邪行、権威を与え、かつ装飾を与う。故に妻は夫を愛するなり。生活《なりわい》を良く整え、部下に親切にし、貞淑にして財を保ち護り、凡《すべて》の事柄に巧みに勤勉となる。

是が故に、彼の西方は守護され、安穏にして、恐怖あることなからん。

法を聞く者、シンガーラカよ。北方に配さるる朋友は、善き家の子によりて、奉仕、供養さるるべし。即ち、四枚の般若にて守護さるる。四枚の般若とは、布施《ふせ》・愛語《あいご》・利行《りぎょう》・同事《どうじ》なり。さらに至誠によりて、善き家の子を愛するなり。善き家の子の酔える、その財宝を護り、恐るる時に庇護し、窮したときに見捨てず、その他の同族をも尊重する。

是が故に、彼の北方は守護され、安穏にして、恐怖あることなからん。

法を聞く者、シンガーラカよ。下方に配さるる部下等《ら》は、主人によりて、奉仕、供養さるるべきなり。部下らは、その力倆に応じて仕事を課せらるると、食物と給料を与えらるる。病時に労《いたわ》り、薬と珍味の食事を分与せられ、ときに休むこともある故なり。主人を愛すべきなり。部下らは、主人よりも朝早く起き、後に就寝す。与えら

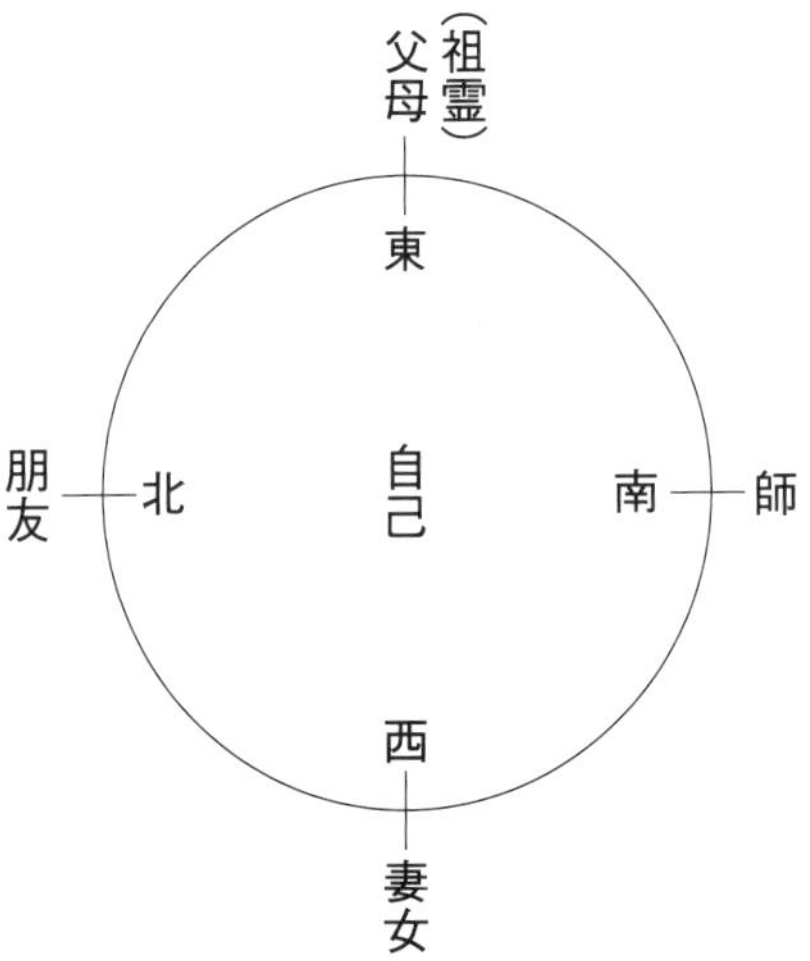

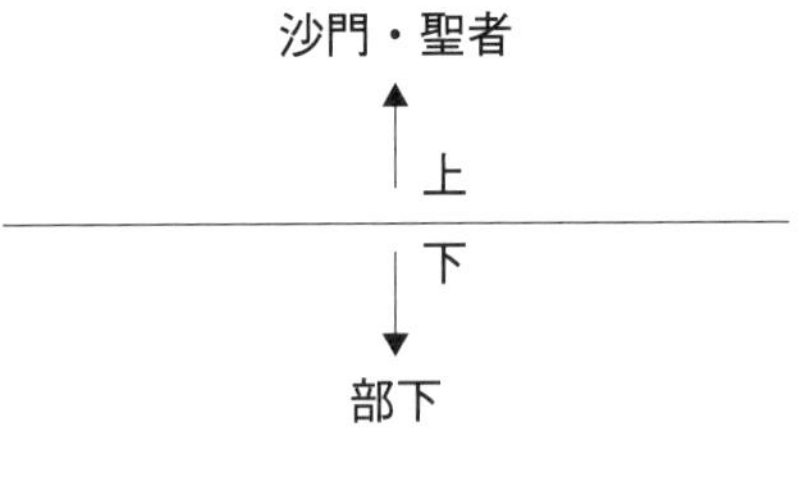

れたるもののみを受け、仕事を善くなし、主人の名誉を称讃、吹聴す。
是が故に、彼の下方は守護され、安穏にして、恐怖あることなからん。

上方に配さるる沙門や聖者は、善き家の子に奉仕、供養さるるなり。親切な行い、親切な念《おもい》によりて、門戸を閉ざさざり。食物を与うることによって行わるべし。沙門、聖者は、善き家の子を愛すべし。罪悪に近寄らしめず、善行、善心より愛し、いまだ聞かざるものを教え、すでに聞きしことを確かにして、天への道を示す故なり。是が故に、彼の上方は守護され、安穏にして、恐怖あることなからん。」

世尊は、是《かく》の如く、シンガーラカに、六方礼の法を説き給えり。

聞き終わりたるシンガーラカは、右膝を地に着きて、

「大徳、世尊よ。我は、世尊に帰依《きえ》し、法と僧とに、その身果つるまで帰依し奉る。哀愍《あいみん》摂受《しょうじゅ》し給え」

と申し出《いで》けり。吉祥かな。（了）

これが〝基本的〟な『六方礼経』の略義と曼荼羅である。

父母（祖霊）・師・妻女（子・孫）、朋友、部下、沙門・聖者。これらをもって「家族」と言うのである。朋友《とも》のない身は孤独であろう。師（現代社会では上司）なくば、

何事もなしえず、生活《たつき》の道も断たれよう。沙門・聖者に接する機会は、現代では少ないであろうが、信仰への道、菩提心を発《おこ》してくれるのである。

この六方の人びとの善き出会いこそが、自己を、より高い次元に導き、誘《いざな》ってくれるのである。

北方の朋友について、世尊は、対告衆《たいごうしゅ》のシンガーラカに、「即ち、四枚の般若にて守護さるる」と説き、「四枚の般若とは、布施・愛語・利行・同事なり」とさとしている。

「四枚の般若」とは、四つの仏智《ぶっち》（智慧《ちえ》）のことであるが、それは、布施《ふせ》（ほどこし＝シェアー＝分けあうこと）と、（和顔《わげん》＝和《なご》やいだ顔）愛語（やさしいことば）・利行《りぎょう》（人のために尽くす）・同事《どうじ》（自他が同じ事で、究竟《つきつめ》れば、如来も人間も同じ事である）と説かれているが、曹洞宗の宗鼻祖《しゅうびそ》、高祖承陽《じょうよう》大師・道元禅師の『正法眼蔵九十五巻』のエッセンスで構成されている『修証義』第四章「発願利生《ほつがんりしょう》」の第二十一節に、「衆生を利益《りやく》すというは四枚の般若あり。一《ひとつには》者布施、二者愛語、三者利行、四者同事、これ即ち薩埵《さった》の行願なり。」

とあり、さらに、布施・愛語・利行・同事の詳細に触れている。これは、なにを隠そう、道元禅師が、すでに『仏説六方礼経』を修学なさっていたことを示しているのである。

ゆえに、同経は〝偽経《ぎきょう》〟ではないことが証明されたに近いことになるので、『仏説六方礼経』を、「家族葬」の宗教的基《もとい》に置くことは、なんら不都合を生じないのである。

正直に言って、この『修証義』第二十一節に救われた思いがした。世には「仏説」と称して〝偽経〟が多いからである。

同経が偽経だと、『修証義』が成立しにくいこととなる。

ゆえに、同経を「家族葬」の所依《しょえ》の経典とできるのである。

単純明解な「家族曼荼羅」ができ、これをさらに荘厳することで、立派な〝本尊〟となる。

家族の上に「各家先祖代々之霊位」を安置し、その上に「三世仏」を安置した。過去世仏に阿弥陀如来、現在世仏に釈迦如来、未来世仏に弥勒仏を配当したが、これは永平寺の仏殿の仏像の配置と同じである。

しかし、はからずもそうなっただけで、宗派性は一切関係がない。

右脇には、改めて、「〇〇家先祖代々之霊位」を置いた。ゆえに中央の「各家先祖――」は外しても支障はない。むしろ、ダブリを防ぐ意味で、外したほうがよいかもしれない。

左脇には十三尊仏を置いた。それというのも、最近では、葬儀後に、前倒しの「初七日忌法要」を行うのが通例のようになってきているからである。

禅宗では「十三尊仏《じさんそんぶ》」と唱えることが多い。読み癖である。

「十三仏信仰」というのは、全国各地で見られる。『十王経』によって配当されたものである。それを記しておくと、次のようになる。

『十王経《じゅうおうきょう》』による忌中《きちゅう》の読み方（注：七七日までを中陰《ちゅういん》という）

初《す》七《し》日《じ》	所願忌《すげんき》	秦広王	不動明王
二《し》七《し》日《じ》	以芳《いほう》忌	初江王	釈迦如来
三《さん》七《し》日《じ》	洒水《しゃすい》忌	宗帝王	文殊菩薩
四《す》七《し》日《じ》	阿況《あきょう》忌	五官王	普賢菩薩
五《う》七《し》日《じ》	小練《しょうれん》忌	閻魔王	地蔵菩薩
六《る》七《し》日《じ》	檀弘《だんこう》忌	変成王	弥勒菩薩
七《し》七《し》日《じ》	大練《だいれん》忌	太山王	薬師如来
百《ひゃく》ケ《か》日《にち》	卒哭《そっこく》忌	平等王	観世音菩薩
一周忌	小祥《しょうしょう》忌	都市王	勢至菩薩
三年忌	大祥忌	五道転輪王	阿弥陀如来
七周忌	超祥忌		阿閦《あしゅく》如来

十三年忌　称名忌《しょうみょうき》　大日如来
十七年忌　慈明忌《じみょうき》
二十三年忌　思実忌《しじつき》（念三回忌《にゃんさんうぃでき》）
二十五年忌　大士忌　愛染明王
二十七年忌　念七回忌《にゃんしちかいき》
三十三年忌　冷照忌《れいしょうき》　虚空蔵菩薩

というのが、回忌名と、故人を守護してくれる仏・菩薩の名である。この仏・菩薩が、十三であるところから「十三尊仏」として、「十三仏信仰」というものが、全国各地に弘まっていった。

葬儀後の「祭制《さいせい》」での、供養信仰である。

祖先を供養し、祭祀《さいし》していくことは、立派な信仰であり、そのために「墓制《ぼせい》」が整備され、家の中には仏壇が置かれているのである。

それゆえに、「家族葬」の本尊、「家族曼荼羅」の左脇には「十三尊仏」を配したのである。曼荼羅は画像曼荼羅でも、梵字が描かれる「種字《しゅじ》曼荼羅」のどちらでもよい。

あるいは、既製の本尊でもよいと思っている。

「家族葬」でも、宗派を唱える人もいるであろう。それは、その宗派に従ったらよいと思う。基本は〝自由〟ということである。

ただ、「家族曼荼羅」には、「家族葬」としての、思想・哲学・信仰が具現化されているということなのである。人は、得てして、そうした〝裏づけ〟を求め、すがる生きものであるということも確かなことで、「家族葬」には、それにふさわしい、〝没後作僧〟とは異なった、裏づけをすることができるということであり、それを探し、具体的に「家族曼荼羅」ができることを説いたまでである。

それを本尊とする、しないは、施主の自由である。

5　人間の死は生のフェード・アウト

映画のシナリオ用語で、フェード・イン（F・I＝溶明）と、フェード・アウト（F・O＝溶暗）というのがあって、一般用語化もしているが、前者は、暗い画面がしだいに明るくなっていき、ストーリーが開始されていくことをさし、後者は、その反対である。

これを音楽用語でいうと、クレッシェンドで「＜」という記号を使う。しだいに音が大きくなっていくことである。これの反対がデクレッシェンドで、「＞」という記号を使う。しだいに音が小さくなり、消えていくことである。

F・I＝「＜」であり、F・O＝「＞」ということで、ニアイコールで結べる。

これらの記号と、今生（一期《いちご》）とも、ニアイコールで結べるということなのである。

人間の誕生〃F・I〃く、人間の死〃F・O〃>ということになるのではあるまいか。F・I〃<の前は、どんな映画や、音楽が始まるのかわからない。誕生以前の自分を記憶している人はいないであろう。

F・O〃>で消えた映画のストーリーや、音楽は、どうなっていくのか不明である。おそらく作者にもわかるまい。死後の自分がどうなるのか、知っている者は誰もいない。

何度も言うようだが、仏教の創唱者、釈迦牟尼仏も「無記」なのである。釈迦牟尼仏は「生き方」は説いた。しかし、死に方や、死後の世界は説いていない。

F・I以前、F・O以降は「無記」なのである。

内容は別にして、PC《パソコン》に、見知らぬ人物からeメールが入った。入る前のことと、消したあとのことはわからない。確かなのは、読んだ文章や、写真やのことだけである。

今生も、「生きてきた」「生きている」「生きていく」の三つが確かなことで、大切なことでもある。

フェード・アウト（F・O）してしまった人の、それ以降のことは、家族・遺族といえどもわかりようはないのである。わかると言ったり、見えると言う人がいたら、奇妙な人である。立証のしようがないことだ。終わってしまった映画や、音楽の話なのである。

死んだ人のことを七回忌まで、鮮明に記憶していて、毎日、一定時間、想起して生活してきたという人の法事を、私はまだ執行したことはない。

去った（逝《い》った）人のことは、家族といえども、日々に疎《うと》くなっていくのが、ごく普通である。

亡くなった当初は衝撃的で、毎日、想い出さない日はないであろう。愛する人のことであれば当然のことである。

しかし、その想い出や、記憶は、しだいにF・Oしていくものなのである。そうでなくては、やりきれなくて、生きてはいけないであろう。

F・Oしてゆくとともに、故人に対する悲嘆も薄らいでいくようにできているのである。

それが「時間の流れ」の力というものなのである。

私は「時仏《ときぼとけ》」と呼んでいるが、故人への遺族の最大の〝薬〟である。故人の映像や、音声の風化で、自然なことである。忘却は、ときに美徳でもある。

だが、すべてを忘れ去るわけではない。故人のお蔭で、自分たちの「現在《いま》」がある。それへの感謝を忘れてはならない。

時間というものほど不思議なものはない。

時間は、いつから始まっているのだろう。地球、いや、太陽のできる以前から、流れつづけているのだろう。そして、いつ終わるのか、地球が滅んでも、時間は流れていることだろう。始まりも、終わりも、誰にも解明できないのである。それを思うと、科学の力も知れたものだと思う。想像することすらもできない。それゆえに、

「無始《むし》」「無終《むしゅう》」という。

わかっているのは、「過去世」「現在世」「未来世」の「三世」に区切ることができるぐらいである。

時間のことを「寿《じゅ》」と言う。命の時間を「寿命《じゅみょう》」と言うのである。寿命が尽きるのを「死」と言う。この「寿」を「無量」に持っている仏《ほとけ》がいる。「無量寿如来（アミターユス＝amitāyus＝梵語）」のことで、別名を「阿弥陀如来」と言う。

阿弥陀如来には、もう一つの別称があって、「アミターバ」とも言う。こちらは無量の「空間（光＝場は光によって具現する）」である。「時・空」で「宇宙」をさす。

われわれは、この「時空間」の限定された中で生きているのにすぎない。限られた「空間（地球）」と、限られた「時間（寿命）」の中を精いっぱい、深い海の上を、もがくように、泳いでいるだけである。海流の勢いが強い。過去世に逝《い》った人のことは、無情のようだが忘却していく。フェード・アウトしていくのだ。

やがては、自分自身の今生も、フェード・アウトしていくことだろう。

何度も言うが、死後の世界は不明である。

死後の世界を、物語や、伝説のように語っているものもある。

チベットの『死者の書（バルドゥ・トゥ・ドル）』のようなものもある。NHKなどに取り上げられたのは、ニンマ派版で、かなり祈禱的色彩が濃く、おどろおどろしいが、のちにゲルク派版の書籍が出た（『クスムナムシャク』という）が、こちらは論理的である。チベットには、ほかにカギュー派、サキャ派の四派があるが、仏教以前からあったボン教の影響を受けた祈禱師もいる。したがって、大括弧で「チベット仏教」とくくれないところもあるが、この四派の上に法王としているのがダライ・ラマ十四世であり、目下は北インドのダラムサラに亡命中である。チベットは中国領として統治され、チベット自治区などになっている。

現在、チベット人の多くは、国のない放浪民族となっている。

そのゲルク派版の『死者の書』と、源信の『往生要集』とを比較してみると、実に近似していることがわかる。

とくに臨終を扱っている個所は、表現の仕方こそ異なるが、大意は同義である。臨終の瞬間の最後の映像《ビジョン》・音・匂いなど、五感に関するものが、最も大切なのである。

それゆえに、五葷《ごくん》（にんにく・らっきょう・ねぎ・ひる・にら……など）のような嫌な匂いを食べた者が、臨終の席に着くことを禁じている。その悪臭によって、臨終者の最終映像に悪影響を与えるからである。

その最終影像こそが、臨終者の死後の世界の映像となっていくのである、というのが、『往生要集』などの論理なのである。したがって、美しい最終影像を結ばせたい。そのために高貴な香を焚き、そよ風にたゆとう鈴の音《ね》のような音を聴かせるのだ。

この状況（臨終）を表現した経典がある。『中有隘路救度祈願経《ちゅううあいろくどきがんきょう》』が、それである。

しかし、現在の日本で、自宅で臨終を迎えられる者が何人いるであろうか。家族や近親者に看取られて、臨終の最終映像を美しく、理想的に結べる環境を得られる者は、よほどの幸運な者と言わなければならない。

多くの者は、病院の集中治療室で、酸素、点滴類のパイプがスパゲティー状でクモの巣のように張られたなかで、息を引き取ってゆく。

音は医療器具の金属音。匂いは、多くの医薬品の匂い。人間の臨終に、およそ似つかわしくない環境を、医療の名のもとにつくられて、家族に看取られることもなく落命してゆく。

生のフェード・アウトが死だということが、医療関係者に理解されるのは、あと何十年待たなくてはならないのだろう。

少し長文だが、日本の仏教者でも知らない人のほうが多いであろう『中有隘路救度祈願経』を次節に載せる。真の意味を知りながら読むと、たいへんに恐い経典であるが、故人には絶対に必要な経典なのである。これを「家族葬」で読経することがいかに大切か、理解してもらえると思う。

6　ある経典

中有《ちゅうう》隘路《あいろ》救度《くど》祈願《きがん》経《きょう》

南無上師妙《なむじょうしみょう》音文殊師利菩薩《おんぶんじゅすりぶさ》　三世《さんぜ》にまします御仏《みほとけ》と　法《ほう》と僧伽《さんが》の三宝《さんぽう》へ　我《われ》と虚空《こくう》の如《ごと》くなる　無数《むしゅ》の衆生《しゅじょう》が残《のこ》らずに　覚《さと》りの境地《きょうち》を得《え》る日《ひ》まで　常《つね》に帰依《きえ》し奉《たてまつ》る
今生後生《こんじょうごしょう》　中有《ちゅうう》にて　我《われ》らの恐《おそ》れを解《と》き給《たま》え　有暇具足《うかぐそく》せる人身《にんしん》は　得難《えがた》く壊《こわ》れ易《やす》きもの　されば今《いま》こそ苦《く》と楽《らく》の　分《わ》かれ道《みち》をば選《えら》ぶとき　無意味《むいみ》な現世《げんぜ》の雑事《ざつじ》へと　気《き》を散《ち》らすこそ愚《おろ》かなれ　大《おお》いに意義《いぎ》ある心髄《しんずい》の　教《おし》えを得《う》べく加持《かじ》し給《たま》え　集《あつ》めし物《もの》は離散《りさん》して　積《つ》めども残《のこ》らず尽《つ》くるなり　高《たか》き地位《ちい》とていずれ堕《お》ち　生《しょう》の終《お》わりに死《し》あるのみ　それもいつ死《し》を迎《むか》えるか　その時《とき》さえも定《さだ》まらず　かかる闇《やみ》をば除《のぞ》くよう心相続《しんそうぞく》を加持《かじ》し給《たま》え　所取《しょしゅ》と能取《のうしゅ》の妄分別《もうふんべつ》　迷乱《めいらん》の城市《まち》をさまよえり　不浄《ふじょう》の四大《しだい》を

幻化《げんけ》せり　色蘊《しきうん》たるはこの身《み》なり　そこから意識《いしき》が離《はな》れ去《さ》り　死《し》へ至《いた》る縁《えにし》の数々《かずかず》よ　かかる障礙《しょうげ》や苦難《くなん》をば　浄治《じょうち》するべく加持《かじ》し給《たま》え　愛《いと》しく守《まも》りしこの身《み》とて　歳月《さいげつ》過《す》ぐれば頼《たよ》りなし　実《げ》に恐《おそ》ろしきことなりし　されば強《つよ》き憶念《おくねん》と　正知《しょうち》を得《う》べく加持《かじ》し給《たま》え　顕明《けんみょう》増輝《ぞうき》近得《きんとく》は　先《さき》から後《あと》へ溶《と》け込《こ》めり　月《つき》と日《ひ》を経《へ》て暗闇《くらやみ》の　広《ひろ》がる相《そう》が現《あら》われん　されば輪廻《りんね》と涅槃《ねはん》との　空相覚《くうそうさと》る瑜伽《ゆが》なさん　如実《にょじつ》の己《おのれ》の在《あ》り方《かた》を　自《みずか》ら知《し》るべく加持《かじ》し給《たま》え　近得《きんとく》すらも悉《ことごと》く　やがて空《くう》にと溶《と》け込《こ》めり　妄想分別戯論《もうぞうふんべつけろん》など全《すべ》て滅《めっ》して現《あら》われず　その縁《えにし》からも離《はな》るれば　秋晴《あきば》れの如《ごと》き虚空《こくう》のみ　今《いま》こそ母子《ぼし》の光明《こうみょう》を　相《あい》まみゆべく加持《かじ》し給《たま》え　四空《しくう》のときに現《あら》われし　明《あ》かりに伴《ともの》う内《うち》なる火《ひ》下腹《かふく》の梵火《ぼんか》で頭頂《とうちょう》から　融《と》けて流《なが》るる白《しろ》き滴《つゆ》　それで倶生《くしょう》の楽《らく》と空《くう》　合《あ》わせし智慧《ちえ》を生《しょう》ずべし　さればひたすら平等《びょうどう》に　安住《あんじゅう》すべく加持《かじ》し給《たま》え　死《し》の法身《ほっしん》から起《お》つときは　初《はじ》め光明《こうみょう》ばかりなり　微細《みさい》な風《ふう》と心《こころ》から　相好具《そうごうそな》えし身《み》を生《しょう》ず　中有《ちゅうう》の円満《えんまん》受用身《じゅゆうしん》　今《いま》こそ生起《しょうき》すべきなれ　このとき如幻三摩地《にょげんさんまじ》を　究竟《くきょう》すべく加持《かじ》し給《たま》え　されど業《ごう》の力《ちから》にて　中有《ちゅうう》を成《じょう》ずることもあらん　ならば直《ただ》ちに生《しょう》と死《し》を　中有《ちゅうう》の相《そう》を観《かん》

察《さつ》せん　その苦《く》は真《しん》に存《そん》するや　さにあらざる理《り》を覚《さと》るべし　不浄《ふじょう》の幻影《げんえい》浄化《じょうか》して
現《あら》わるるよう加持《かじ》し給《たま》え　溶《と》け込《こ》む四大《しだい》が和《わ》を乱《みだ》し　三顕現《さんけんげん》に恐怖《くふ》生《しょう》ず　後生不定《ごしょうふじょう》の
印《しるし》など　様々現《さまざまあら》われ来《き》たるなり　そのとき外《げ》・内《ない》・秘密《ひみつ》など　来世《らいせ》を転《てん》ずる瑜伽《ゆが》なさ
ん　されば仏《ほとけ》の浄土《じょうど》へと　転生《てんしょう》すべく加持《かじ》し給《たま》え　空行持明《くうぎょうじみょう》の最勝《さいしょう》なる　瑜伽成就《ゆがじょうじゅ》
者《しゃ》の　身《み》を得《う》べし　あるいは梵行三学《ぼんぎょうさんがく》を　具《そな》えし出家《しゅっけ》の身《み》を得《う》べし　生起究竟《しょうきくきょう》の二《に》
次第《しだい》の　道《どう》を了解《りょうげ》し円満《えんまん》せん　もって仏《ほとけ》の三身《さんじん》を　速《すみ》やかに得《う》べく加持《かじ》し給《たま》え
中有隘路救度祈願《ちゅううあいろくどきがん》　経《きょう》

たいへんに難解かもしれないが、あえて、注釈を加えずに、何度も繰り返し読経、看経《かんきん》しているなかで、やがて感じてくるものがあるはずなので、それを期待したいと思っている。

この経典は、ポタラ・カレッジ（チベット仏教普及協会）の斎藤保高氏と私との親交のなかで、同氏より頂戴したもの（『中有隘路の救度祈願』パンチェン・ラマ一世造、クンチョック・シタル／斎藤保高共訳、ポタラ・カレッジ所蔵）である。「中有の狭い道を通って輪廻からの解放を得るための祈り、すなわち、生死の恐怖を克服する勇気を生じるための修行」ということのための経典である。

第四章　中有という考え方

1　今生、前生、次生、後生について

「今生《こんじょう》」というのは現在世で、即今《そっこん》（たった今）、この世を生きているということであり、一生を一期《いちご》ともいう。

一番大切なのは「今生」である。私が、今現在、原稿を執筆していられるのは、今生を生きて、呼吸をしているからである。

今生で何年、生を享《う》けていられるかは、個人差のあることで、短命の人も、長命の人もいる。ただ、いつかは「死」を迎えるということでは、全員「平等」である。死なない人間というのは一人もいない。人間性の優劣などには一切関係なく、死ぬべくして人は死ぬのである。

死に方は、老衰（自然死）、病死、自殺、他殺、事故死、災害死（戦死も含めて）といろいろであるが、死因に関係なく死は死以外のなにものでもない。生の機能をすべ

て失った状態である。

母の産道を抜けて、肺呼吸をした瞬間が誕生である。

では誕生以前は、なにをしていたのか？　それのわかる人は誰もいない。

ただ仏教的宇宙観のなかで、今生以前を「前生」という。釈尊にも、ジャータカという「前生譚《ぜんしょうたん》」がある。

私は、誰かの生まれ変わりであるという考え方で、人間とはかぎらない。動物かもしれないし、宇宙人かもしれないのであるが、自分にも、他人にもわからない。もちろん、自覚もない。

今生《こんじょう》の前には「前生《ぜんしょう》」があった。そうなると、今生の次があっても、おかしくない。むしろ、自然である。それを「次生《じしょう》」という。

次生の次以降があっても不思議ではない。それを「後生《ごしょう》」という。

「後生だから勘弁してくれ」

の後生は、ここから出た語である。

次生や、後生で、私がなにになっているのかは、前生同様に、自他ともにわからない。

それを、前生や次生・後生になにになるのか、見えているという人がテレビに出演していて、びっくりさせられる。今生での運命もわかる人がいる。

すべて、立証できないことである。本人の主観なのだ。本人の脳味噌を見てもわからないことである。見えていることが立証できないのと同様に、見えていないと立証することもできない。テレビは、見世物小屋だから、なんでも、おもしろければ、エンタメとしてアリである。笑っていればよい。

前生がなんなのかはわからない。わかろうとするのは詮《せん》ない話だ。また、わかってみたところで、今生では、なんの役にも立たない。昨夜の夢の話をしているようなものである。

具体性ゼロである。

次生、後生も同じことだ。目角《めくじら》を立てるほどのことではない。

前生を疑えば、釈迦の前生譚、ジャータカはどうなのだ、ということになるが、偉大な人物の伝説や荘厳は付きものである。その話を媒介に、なんらかの教えがあるのなら、受け入れたほうが利口だ。

「前生」→「今生」→「次生」→「後生」という「生」のシステムが、仏教的には完成しているのである。私には、反論するだけの理論武装がないので、受け入れるほかはない。

一応、僧侶なので、信じてはいるが、前生（前世）が何者であったのか、前生の前任者には申しわけないが、皆目、見当がつかないというのが本当のところである。見える人は、偉いものだ。営業で見えているのではないことを祈りたい。

2　三有もしくは四有のこと

三有《さんう(ぬ)》とも四有《しう》ともいう。「四有」は、

①死んだ瞬間を「死有《しう》」
②次に中途半端な時間の経過を「中有《ちゅうう》」
③再生して、次生に生誕するのを「生有《しょうう》」
④次生という時間を生きていくのを「本有《ほんう(ぬ)》」

と言うのであるが、この中有を日本では、「中陰《ちゅうい(え)ん》」と呼んでいる。四十九日忌までのことである。七七日とも言う。では、五十日目には、生まれ変わって、「次生」を得ているのか、というと、確たる証拠はない。

この中有（バルドゥ）の最中に、男女（雌雄）の交尾の姿を見る。強い力で、交尾の中に入らされると、母親が妊娠をする。

もっとも、母親が人間とはかぎらない。犬か、猫か、馬か、牛か、豚か……胎生《たいしょう》（哺乳類）ともかぎらないのである。

が、次生は得ることになる。

それゆえに、回向文で、

「人天果報を得て」

と読むことになるのである。

この中有の隘路《あいろ》で、次生がなにになって誕生するのか決定するのである。

さしずめ、私などは、蝿《はえ》か、蚊《か》か……しかし、そのほうが寿命は短いから、後生に期待がもてる。後生は、別の惑星に生まれているかもしれないが。

六趣輪廻では、このサイクルが絶えない。

ために、そのサイクルから解脱《げだつ》して、仏（如来）になるよう、十界のなかの「四聖」をめざせというのが釈尊の本旨（正宗《しょうしゅう》）なのである。

3　ご先祖

前節、前々節の論理とは別に、日本には（外国にもあるだろうが）、ルーツをたどる考え方がある。「先祖」という考え方で、こちらのほうが主流かもしれない。これも仏教のカテゴリーに入っている。

自分が誕生したのは両親からであり、その両親は、四人の祖父母から、祖父母は、八人の曾祖父母からということで、四代で十五人、五代で三十一人の人が関係してくる計算になる。十代前、二十代前となって、すべてを合算したら、天文学的数字になっていく。一族となったら、たいへんだ。いくら大きな仏壇でも、位牌が入りきるまい。

しかし、そこはよくしたもので、仏壇には、直系と呼ばれる嫡男の一家が、系統として祭祀されるようになっている。次男や、女系は独立分家していくのである。長男の家が「本家」として扱われていくのである。

日本では天皇家を筆頭に、将軍家、各大名家から、農家、商家にいたるまで、こうした嫡男が本家を継ぐという方式が、公的にもなされてきたので、それは現代にいたっても崩れてはいないが、遺産相続では、法律が変わって、法定相続人が、たとえ遺《い》言書《ごんしょ》があっても、法定相続分は相続できるようになったので「本家」の力は、大きく削がれてしまっている。

けれども、祖先祭祀に限っては、嫡男主流主義が、現在でも通用しているのである。

が、現実は、嫡男が必ずしも、後継者とは限っていない。長男が早逝したり、行方《ゆくえ》不知《しれず》になっていたり、破産したりといった例もあって、次男、三男が継いでいることもある。

あるいは、両親の姓が異なっていて、母方の姓を継いでいる場合もあるが、こうしたときに、父親の位牌はどうするのかといったことがある。この場合は、戸籍上では、多く「庶子」の記載であることがあるが、新戸籍法では、その区別をつけず、たんに「子」とするようになった。

最近では、結婚によって妻が夫の姓を名乗らないという「夫婦別姓」が、論議されるようになってきた。女性の権利の向上という見地からのものであろうが、どちらでもよい気がする。私見だが、法律は、チョコチョコといじくられるたびに悪くなっていく気がしてならない。

お墓は、一族が公認した者が守ってゆくという形に変化している。

仏壇の中に、姓の異なる人が入っているのは、よいことではない、などと言う人もいるが、現実に父なり、母なり、子なりしていたら、祭祀するのは、祭祀する者の自由であるし、故人を祭祀して罰《ばち》が当たるなどということはありえないことである。あまり了見の狭い筋論的なことを言ってみても、しかたのないことである。

「ご先祖様」と言ったとき、日本の場合は、多分に儒教的影響を受けていると言ってよいであろう。

位牌は、儒教の神主《しんしゅ》・木主《ぼくしゅ》の輸入である。

仏壇は櫝《とく》の〝日本版〟である。

儒教の考え方のなかにも、仏教の「寿《じゅ》（時間）」の思考にも似たものがあって、

祖先 → 自己 → 子孫
過去　　現在　　未来

という図式が成立する。

自己（現在）を輝やかせようとするのであれば、過去（祖先）を敬い、祭祀して、未来である子孫たちを慈《いつく》しむことである、という時間軸の教えがある。

日本人にすれば、当たり前の教えである。

しかし、現在の日本の社会では、いとも軽々に、子が親を殺し、親が子を殺したり、加虐行為を行っている。これは、「尊族殺人（仏教では五逆罪）」と言って、殺人

のなかでも第一級のものであった。

昔から継母《ままはは》いじめ、ということはあったし、継父が、年ごろの娘を性的に犯すという非人道的な行為がなかったわけではない。

しかし、現在では、実の母と息子、父と娘の性的虐待が、かなり行われて、異常な事態が出現している。人間としての「倫理観」の欠如である。

ここが乱れてしまったら、始末におえない社会となる。

倫理観イコール古い考え方ということは、ないことなのだが、そういう考え方をする人もいる。付け焼き刃的な、戦後民主主義の副産物ともいえるものであろう。

父娘の性的虐待の交渉は、娘に、圧倒的な、性的トラウマを与えて、娘の一生を台無しにするのである。人間として、破廉恥な行為であって、あってはならないことなのである。

こうなっては、「家族」の存続も、決定的な崩壊ということになる。

現在は、〝結婚〟も〝離婚〟も犬のさかりのように、安易に行われる。子供がないときはよい。だが、子供がいたら、ブロークンホームなのである。とても健全な社会とは呼べない。

それが〝空気〟として、社会に蔓延しているのであろうか、鋭敏に社会に反応して、子供をつくらない、少子高齢化社会を現出している。

人口の先細りは、国力の減衰にほかならない。他国の移民に労働力を頼る動きがある。日本の崩壊の足音がしている。

両親が、毎日、神棚、仏壇に両手を合わせる姿を子供たちに見せつづけてきたら、日本の現況は、もう少し、異なったものになったように思えてしかたがない。

たしかに、戦前、戦中に、日本の軍部は、天皇と、神道《しんとう》を徹底的に、都合よく利用してきた。それが、現在の靖国神社問題になっており、アジア各国から指弾を、戦後六十年を経て、なお、自国で決着がつけられないでいるのが、日本の政治家の姿である。国民の一人として情けないのと同時に、それが宗教アレルギーとなり、宗教に関与しないことが、文化人であるような錯覚をいだかせてきた。

ために、「私の家には、神棚も仏壇もないのよ」と胸を張って言う、〝無宗教者〟が、ごく普通にいる。そういう家族のなかで、死者が出たときに、葬儀に、「宗教臭を入れたくない」と、宗教者を招《よ》ばない「家族葬」が営まれる。

周囲も奇異には思わない。

ところが、葬儀を終えて、無宗教葬であったことに、胸の痛みを覚えて、四十九日忌になって、急に、「法事をお願いします」と依頼をしてくる。

頼まれたほうは、不愉快である。なぜ、僧侶が不愉快なのか、その理由も考えない市民になっているのが、日本人の現在の姿である。

「頼むのなら、葬儀のときから頼んでください」

ということである。葬儀を無宗教でやって、四十九日忌に僧侶を依頼する。

そんな気持ちの悪い法事などしたくもないというのが、僧侶の本音だ。アルバイト坊さんなら喜んでやるだろう。

（お布施を払うのに……）

と施主は思っている。よけいに腹が立つ。

「普通の金額のお布施ではできません。理由は、法事ではなく葬儀だからですよ」

と言って、僧侶の納得のいく金額の布施を伝えると、

「考えさせてください」

と引っ込んだ。ただ吝嗇《けち》なだけなのである。何十万円も要求したわけではない。心ある檀家さんなら、黙っていても置いていく金額である。その段階で、その仏（故人）の法事をやるとロクなことがないような気分にさせられる。海外旅行には平気で何倍もの金を払うのに、それかいい、と言いたくなる。

日本人は、本当に生きた金が使えない民族になってしまった。

本当を言えば、吝嗇が、「家族葬」の大きな一因にもなっている。「直葬《じきそう》（処理）」に等しいものに、理屈をつけているだけである。

信念をもって行った「家族葬」とは、そこが、決定的に異なる。

葬儀社は、死体の処理が仕事だから、どんな形式の葬儀でも行う。

いのだ。

だが、本音を言えば、葬儀社の社員も、キチッとケジメのある葬儀をしてもらいたい
大手の葬儀社のなかには、宗教法人を非合法で買って、寺院を造り、各宗派の僧侶を社員として月給で傭《やと》っているところもある。恐れ入った所行で、利益のためならなんでもやる。

宗教事情、葬儀事情は、乱れに乱れているのである。葬家の吝嗇だけを責められない事情もある。

多くの諸問題をかかえているのが「家族葬」でもある。いずれは、誰もが「ご先祖」になっていくというのにである。

4　家族葬での家族力

現代で、基本的に言えることは、仏事に関して、あまりにも、ものを知らなすぎる

人が増えてきたことである。

それは、都市部において顕著で、葬儀も、寺院主導ではなく、葬儀社主導で営為されているため、葬儀社の指導が正しいことであると思ってしまうためであろう。

しかし、その葬儀社の社員に仏事教育がなされているかといったら、まず無理だろう。寺院と葬儀社では役割が異なっているからである。

都市部で、何代かにわたっての大家族主義の家というのは、めったにない。ほとんどが核家族である。かつては祖父母が、習慣として教えていた善《よ》き伝統も、すっかり消え果てている。すでに、教えてくれる人がいないのである。ために、その知識は断片的で、非常識になっている。

だからであろう。葬儀を執行した寺院と、四十九日忌の法要を、別の寺院に依頼してくる。

依頼された（法要を）寺院も嫌な気分になるし、葬儀を執行した寺院も、なにかあったのか、と嫌な気分になるはずである。

私は婉曲《えんきょく》にお断わりする。その理由を、意図的にお布施の額を高くして伝え、葬儀のときのお坊さんにご相談してください、とそれとなく伝えることにしている。

私が嫌だな、と思うことは、ほかの僧侶も嫌なはずだからである。法要といっても、葬儀のときの戒名もわからないものは、気色が悪い。

奇妙なことを言うようだが、私は〝死体〟がとても恐い。生理的に恐い。死体の身体も、精神（霊魂）も恐い。だから懸命に執行する。

死者の「祟《たた》」りなどあるわけないではないか、と理屈では思う。しかし、死者は「お知らせ」をする。

それは死者が、最初に大きな難関の道を通るからである。道は二つに分かれている。

①ピトリ　死後、子孫や親類などが、キチンと供養してくれるもので、霊は安楽となって、子孫を守ってくれる。

②プレータ　死後、供養をしてくれる者がいなくて、餓鬼という存在になってしま

うものである。

この②プレータになるのは、誰でも嫌である。

それゆえに、死者が、

「供養をしてほしい」

と「お知らせ」をしてくるのであるが、あの世には、eメールもファックスも、電話もない。どのように通知してくるのか。

死者の霊魂の通知は、少々荒っぽい。この世の者たちに気づかせるためで、病気、怪我、事故といったことで、お知らせしてくる。それを「霊障《サワリ》」とか「祟《タタ》リ」と言っているのである。

それはそうだろう。供養してもらわなくては、プレータという餓鬼界に堕ちてしまうのである。既述したことだが、「十界」のなかの一番下の十番目が「地獄」、九番目が「餓鬼」、八番目が「畜生《ちくさん》（動物）」、七番目が「修羅」で、ここまでを四悪趣と言う。次いで「人間界」「天上界」となる。人間の地位はそんなに高くないが、しかし六趣（六凡）のなかでは「天上」につづいて二番目である。それゆえに、回向文で「人(間)天(上)果報」と唱えるのである。

死者は餓鬼に堕ちてはたまらないから、必死で知らせてくるのである。荒っぽくなるのはしかたがない。

「家族葬」のときに、こうした道理が理解できている人たちが、きちんと送っているのだろうか。

ただ「愛」があればよいというものではない。愛は裏返ると憎となる。ゆえに「愛憎」という熟語ができているのである。〝恋愛〟も、〝家族愛〟も、愛という次元では変わるものではない。

裏返っても憎のない愛、これを「大愛《たいあい》」と言う。仏の愛である。見返りを求めない愛である。「慈悲《じひ》」と言う。慈悲は仏智（般若）から生ずるのである。

私が、ここに誌していることは、「坊さんが、自分に都合よくつくった物語《フィクション》だ」と言う、ちょっと考え方のねじれた人物が、現代では多くいる。

フィクションか、ノンフィクションか、実は、私もまだあの世には逝ったことがないから、確定的にこうだ、とは言えない。

しかし、現実に死体が恐い。恐いから真剣に読経をする。死体の安楽を心から願って祈る。

祈り方は、私なりに承知をしている。

家族の力、これを「家族力」と言うことにしよう。家族力だけで故人を〝成仏〟させられるのか。

明確に言って、仏教的には無理と申しあげておきたい。

なんの系統だった仏教的知識もない者が、断片的な知識だけで、「家族力、家族愛があれば、故人は逝くところに逝く」といっても、家族力と、死の世界は、まったく次元の異なる世界である。

死者や遺った者たちに、「故人は死んだのだ」という〝線引き〟、引導がわたせる自信があるのだろうか。

　通夜といっても、一晩中、家族たちが泣き明かして主感を語りあって終わりだろう。それは、逆に悲しみのアンプリファイアー（増幅）になるだけではないのではないか。客観的に故人の死を宣告して、家族・遺族の心に、シッカリと線引きをする役割の者（僧侶）がいなかったら、故人との幽明を境にすることもできないであろう。それとも、その役割も、葬儀社か霊園がやるのかな。

　こうした「死の文化」に対する、葬儀社、霊園、寺院の責任は重いものがあると思う。

　すでに完成していた、最終儀礼の葬儀を、破壊に近い形にまで変容させてしまったのであるから、その責を三者が受けるのは当然であろう。

　もちろん、「死の文化」など酔嬌な人しか学ばないから、一般人に知識を持てと言うほうが無理である。けれども、それを、かつての日本人は、習慣として代々伝えてきた。それが都会の植民地化と言ってもいいくらいの地方出身者のほうが多くなった、核家族集団では、既述したように教える者がいない。信仰心皆無の社会で、葬式だけ形を整えてみたって無理というものである。つまりは、三者で破壊したのが「死の文化」であり、最終儀礼の葬儀なのである。

葬儀を破壊してしまうと、歯止めが壊れて、次には、生者に破壊が向かう。弱者の代表である、介護老人と乳幼児に、棄老と捨て子、加虐行為が生まれる。

すでに、現に生起して、マスコミに報じられている。政治の貧困、役人の無能は、見事なまでに国民を生活苦に追い込んでいる。毎年の税金および各種保険の〝重税感〟を立法化している。老人の孤独死の多さ。それは餓死である。

話題を変えるが、六十余年前の東京大空襲に、五歳であっている。

敵機が来る。B29や、グラマン戦闘機である。このときに一番初めに逃げたのは誰か? 日本の軍隊である。東京に軍人の姿はなかった。五歳であるから、記憶は断片的である。しかし、軍人は一人も見なかった。簡単である。情報を早くつかんだ者順に遁走したのである。軍人の次に逃げたのは警官である。そして一般役人が逃げて、残った、なんの情報も持たない民間人が戦死した。広島・長崎・東京は、ジェノサイド、皆殺しの発想である。

これでも、軍人・役人・政治家・警官を信じられるか。私の心の奥底にある、これらの人びとへの不信感は、一度として溶解したことはない。

棄老・捨て子・弱者加虐社会になるのは当然である。そのようなシステムにしているからである。所得のない老人・乳幼児からも税金を取る。それが消費税である。

老人の多くは孤独に餓死し、乳幼児は捨てられていく。簡単である。信仰心が失われれば頼るものがなくなる。現実には貨幣（金《かね》）しか頼るものがなくなる。守銭奴民族になり果てる。五流国家以下だ。首相をはじめとする政治家・役人は、介護老人をかかえた一家の現状を、一度でも視察したことがあるのか。失われた十年と呼ばれる平成不況時の若者たちは、一生アルバイター・フリーターで過ごすのか？　再出発できる法律で、美しい国日本だと言う。ばかばかしいかぎりである。老けた新卒社員を傭《やと》う、酔嬌な企業などあるものか。

志をもって介護士になった若者たちは、本当に気の毒である。介護士の3Kのうえに所遇の悪さ。せっかくなっても、将来の設計図は見えず、挫折してゆく。なんのための資格だ。

さらに、医師・看護士も減るだろう。医療ミスは、たしかに許せるものではないが、イコール訴訟では、いつ手錠がかかるかわからない患者相手に、手術はできなかろう。これも、人的資源は外国からなのか。介護の世界では、すでにフィリピン女性が導入されている。

フィリピン女性たちは、異口同音に、

「考えられない。フィリピンでは、親の面倒は、子供がみるのが当たり前なのに」と言っている。作家・森鷗外は、すでに今日あるのを見越したように、『高瀬舟』を書いている。

それとも、介護老人や、乳幼児は、社会、家族の足手まといとして、「カルネアデスの舟板」で、一番最後に舟板に手をかけた者と同様の扱いになるのであろうか。

そんな日本だったら、一度、根本的に破壊したほうがよい。六十余年前に一度壊したのだったな。それが、これかよ。だったら何度壊しても、五流国以下だ。葬式も満足に出せない民族になってしまったのだから。

人の死に尊厳を払えない者は、生にも尊崇をいだかぬものである。

背に腹はかえられないと、葬式代を吝嗇《けち》る者は、生きている者にも同じことをする。介護老人は、自分の親でも棄てるだろう。やがて自分も用なしになっていくというのにである。

ハッキリ言おう。葬式は、今、家の柱となっている者の甲斐性であり、褌《ふんどし》なのだ。褌ぐらいキチッと締めて臨んだらどうか。家族葬と一般葬の線をどこで引くのか。社交性を断って、家族だけで見送る。それはわかった。

だったら「骨」になってからでも葬儀はできる。納得のいくまで家族力で送り、骨になったら「骨葬」を行えばよい。

言うだけ無駄か。元来の発想が、吝嗇からのものなのだから。温泉旅行・海外旅行には金を使ってもか。それを死に金と言う。

葬儀社は、無宗教葬の「家族葬」に迎合している。ビジネスだから、それでよかろう。しかし、寺院は、そうはいかないのである。

家族力とは、信念である。信念で行った「家族葬」には敬意を払う。しかし、信念もなく行った者は、たんに吝嗇なだけである。それを文化人風に装うのは論外である。なんの哲学もあるまい。いや、経済哲学は認めよう。お見事である。

5　宗教民俗学の立場から

前節で、頑固な糞坊主と思われたことだろう。私のイメージなどどうでもよい。ギリギリのところまで歩み寄ったうえでの真理を述べただけである。

「家族葬」に頭から無理解であったなら、このような原稿は執筆していない。時間と精力の無駄遣いだからである。

違った観点から、「冠婚葬祭」を概観してみる。

『宗教民俗学』（宮家準、東京大学出版会刊）から、次の図のうち第二図を引用させていただいた。第一図は、第二図を簡略化したものである。

まずは、人間のこの世への誕生である。このときに、円の対角線上には「葬儀」がある。

「冠・婚・葬・祭」の「葬」であり、人間のこの世での〝死〟であると同時に、あの世での誕生ということになる。この水平線の上部がこの世で、下部があの世である。

さらに垂直線を中央に引いて右半円が、神の領域であり、左半円が仏の領域であることが判明する。

そのために、古くからの日本の家には、神棚と仏壇があったのである。神道《しんとう》と仏教の住み分けができていたのである。

そして、この世とあの世が地つづきである状態が、庶民の日常のなかに、信仰として根づいていたのである。

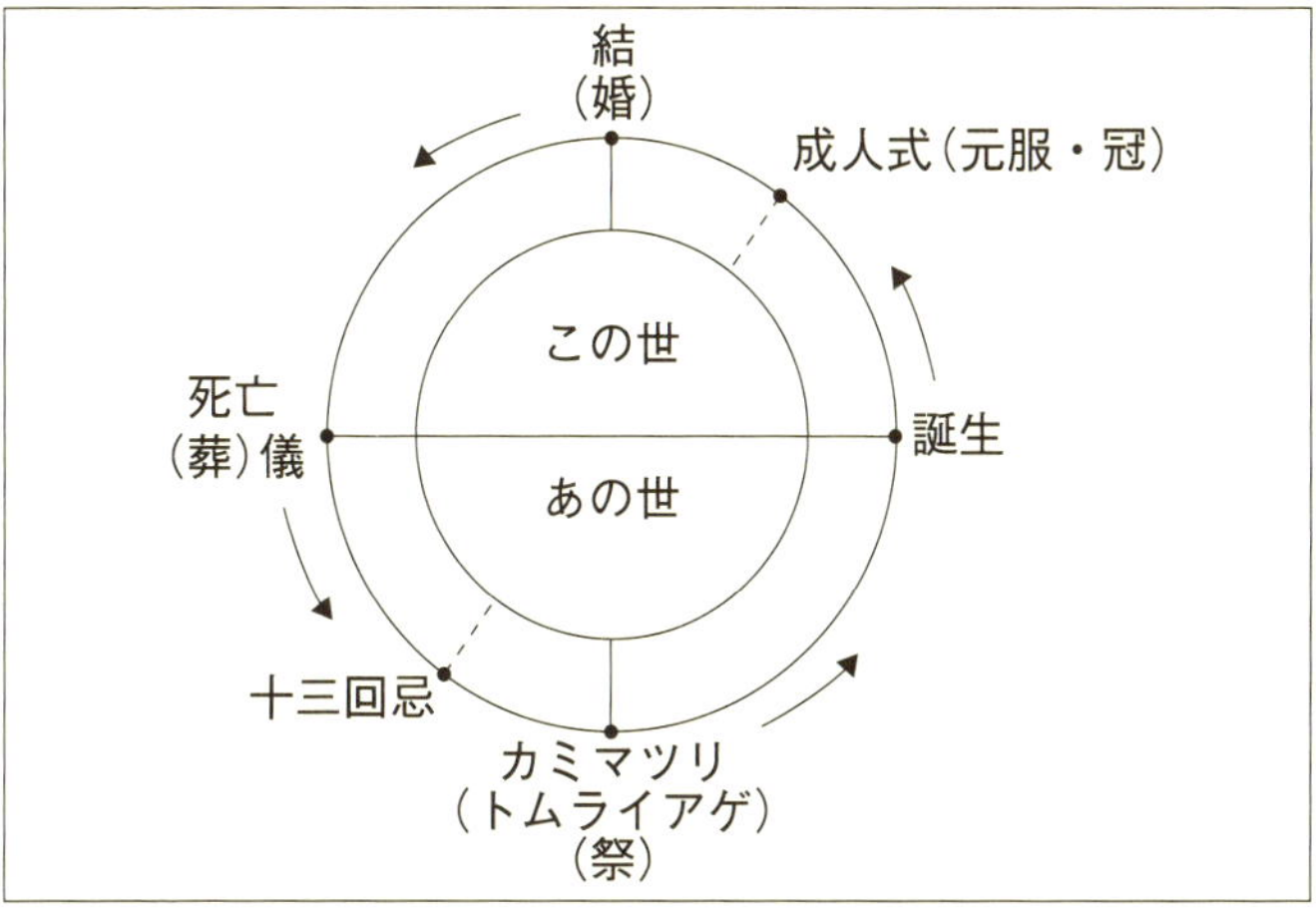

第一図　生と死の儀礼の構造

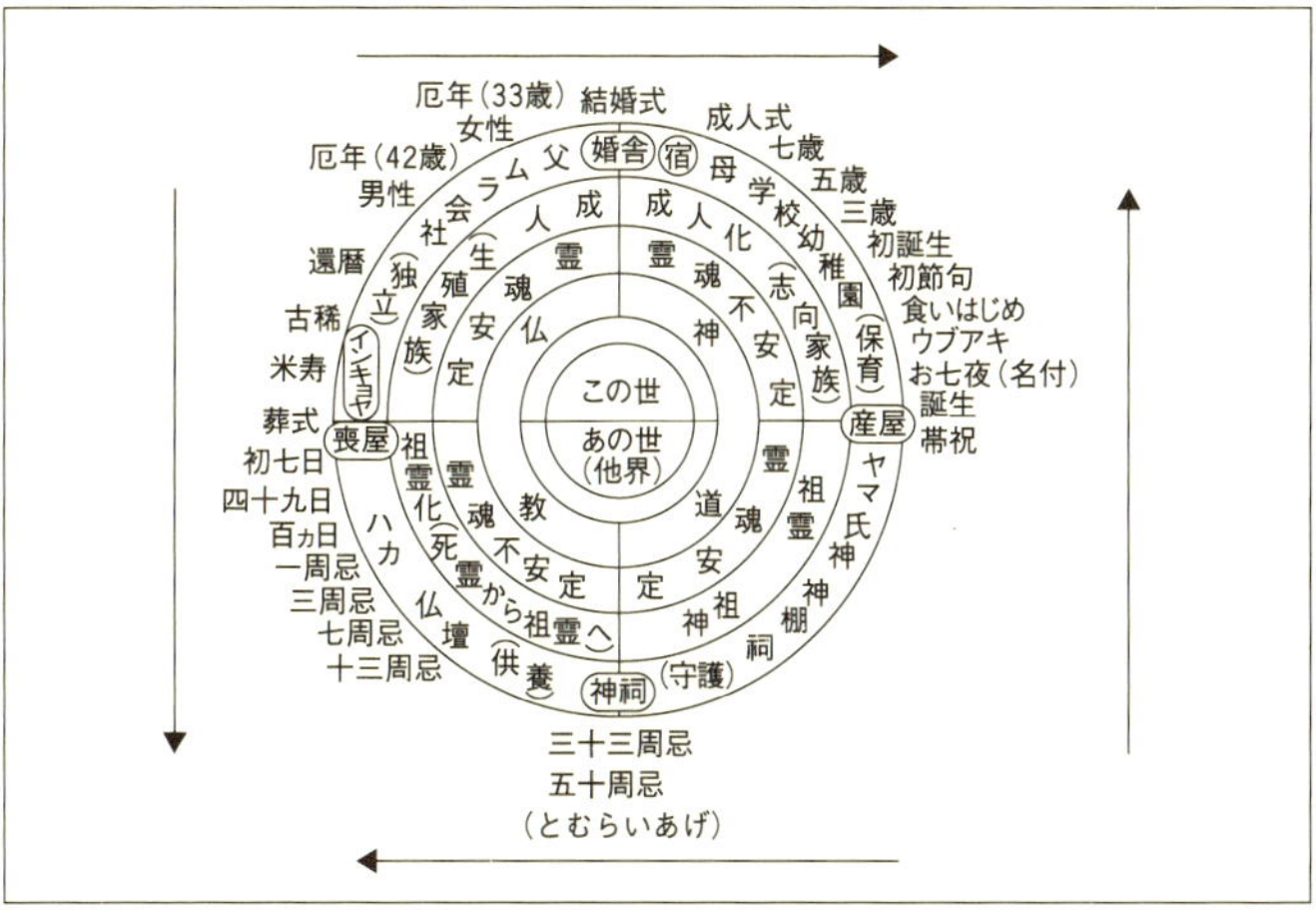

第二図　生死の儀礼の構造（原図）

生と死の儀礼の構図

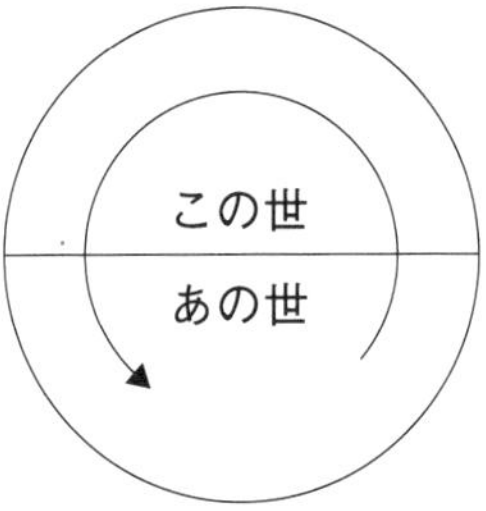

第三図

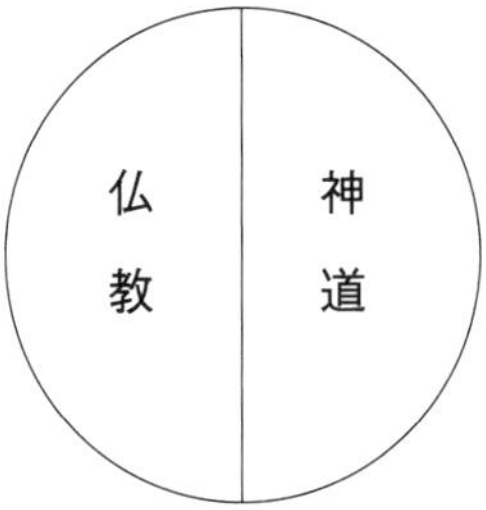

第四図

さらに、誕生して七日目は神道の領域で、「お七夜」「お宮詣り」となっていく。仏教の部では、「初七日」「四十九日忌」となって、対角線上での符節が合う。

青年になって元服となる。「冠」である。十三歳ぐらいから、十六、七歳ぐらいまでにすませるが、十三歳の対角線上は十三回忌であり、十六、七歳だと、十七回忌となっている。

そして結婚をする。「婚」だが、対角線上には、「トムライアゲ」「カミマツリ」がある。トムライアゲは三十、三十三、五十年と地域によって異なっている。

しかし、ここでは、生者は仏教の領域に入っていくのに対して、死者は、神道の領域に入っていくのだ。

トムライアゲと同時に、死者は「カミマツリ」をされて、一家一族を守護する神となっていく。

神として、さらに祭祀されていくと「氏神《うじがみ》」となる。このカミマツリ（神祭）を「祭」というのである。

これで「冠・婚・葬・祭」なのである。

祝儀のネクタイは白、不祝儀は黒。金封のお札は新札が祝儀、不祝儀は古いお札で、新札の場合は角を折るとか、金封の上書きは？　といった処世的なことばかりで、大切な「冠・婚・葬・祭」の意味を説いた本はない。書いても読まれないのかもしれぬ。

さて、カミマツリされた「祖霊」は、一族を守護する立場に立つ。それまでは〝供養〟されて、生者から守られる立場であったのが、守る立場に逆転したのである。

結婚した者は、一家を構える。遠からず子供もできよう。その子や妻を守る立場に立つ。

守られてきた若者が、守る立場となって、仏教の領域に入り、一家一族の死者たちの霊を供養する立場になるのである。守る立場である。それを図に示すと第五図となる。

それぞれ矢印が守る者たち示す。④は生者の①と死者の③を守り、②は生者の①と死者の③を守ってゆくのである。

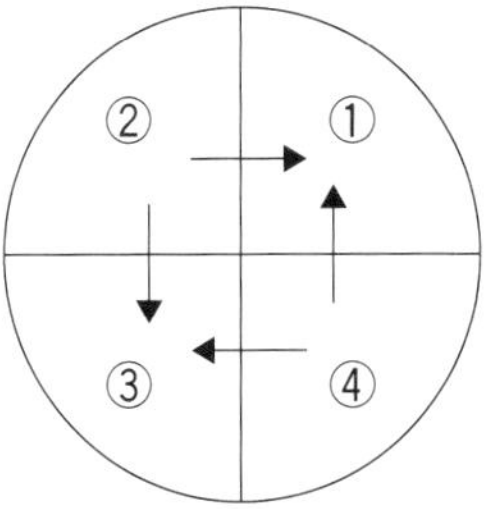

第五図

これが、「家族」「一族」のあり方の基本的な考え方だったのである。現代は乱れに乱れている。神も仏もあるものか、とすべてを放棄して、

「金《かね》がないのは、首がないのといっしょだ」

という考え方になっている。

世相を反映するものにテレビＣＭがある。〝保険（多種多様な）〟と、証券会社の利殖、庶民金融（サラ金・高利貸し、バックは銀行）のＣＭばかりである。金、金、金だ。

私はないから悔しがっている面もあるのかな。いかにも不健全である。

供養などというと、「なに、クヨウって?」と言われかねない。供養は、梵語でプージャナーと言い、「供給資養」の傍点の二字を取って「供養」なのであるが、たんに「供《く》」ともいう。

さて、神仏に「供」するのは人間側からだけなのであろうか。

ちょっと、「子供」という文字を考えてみてほしい。「子《こ》」と「供《く》」を分けてみると、「子」という生命を、神仏から「供」養されているのである。

子供は両親の交接によってできる。医学的に言えばそうであろう。だが、欲しくてもできない夫婦は、いくらもいる。それゆえに、「子宝に恵まれる」と言い、「授かる」とも言っているのである。

神仏からのご縁を得て、生命を頂戴するのである。このことから、両親の力を「助《じょ》縁《えん》」と言うのである。

最も基本的な「生命」を、神仏から「供《く》」されて、「子供」が誕生するのであり、誰もが、子供でなかった時代はないのである。

そのご縁のあった、元の世界に帰ってゆくのが死であり、あの世への誕生である。ゆえに、戒名の上に〝頭文《かしらぶん》〟と言って、少し、戒名よりも小さめに、「新帰元」と書き記す。「新たに、元いた世界に帰っていく人」という意味である。

これでも、坊主に都合のよいフィクションと言うであろうか。

人間よりも、圧倒的に偉大な存在。この美しい惑星、地球を創った存在、その方のおわす世界を「法界《ほっかい》」という。清浄な世界である。その清浄な世界を実感として、生きながら感じることを空性《くうしょう》を悟るというのである。私などの凡人ではとうてい、悟りえない世界である。

空というのは、圧倒的になにもない、真空の世界であると量子物理学では言い、電子・陽子・中性子の量子をもって最微小としてきた。それ以上は真空だと言ってきたが、現在では、ナノの世界が登場し、カミオカンデがそれを立証しつつある。が、それよりも、さらに微細なものがあっても不思議ではなくなってきた。けれども、神仏のおわす「法界」の存在は、まだまだ人知を超越した世界で、私などには考えも及ばない世界である。

そういう世界があることを信じる信じないは自由だが、次生も、後生も否定してしまったら、その人はどこから来たのか、と思いたくなる。神仏を否定することをもって、インテリだと錯覚している人がいるが、外国では通用しない。もっとシッカリとした信仰心を持ってほしい。何教であってもかまわない。

そこからしか、なにも始まらないのではないかと思う。

第五章　葬儀の形式

1　四大制度

ひと口に葬儀と言うが、大別して、四つの制度に分かれる。

① 殯制《ひんせい》（もがり）
② 葬制
③ 墓《ぼ》制
④ 祭制（命日・彼岸・盆・忌日法要）

ということであろう。

①の殯制はほとんど、現在では行われておらず、かろうじて「通夜（大夜・逮夜）」が、それに代わる役割をしている。

葬儀の行われる前の夜の儀式のことである。

これを僧侶は、次のような法式・次第で執行している。これらの儀式は、宗派・地域によっても異なるので、左に示すのは一例にすぎないことを前もってお断わりしておく。

通夜の部

① 入道場《にゅうどうじょう》（導師の入場であるが、東京の場合は一人で執行する独行が多い）

② 壇前作法《だんぜんさほう》

③ 三帰礼文《さんきらいもん》（読まぬ人も多い）

④ 剃髪偈《ていはつげ》

「剃除鬚髪《ていじょしゅはつ》　当願衆生《とうがんしゅじょう》　永離煩悩《ようりぼんのう》　究竟寂滅《くぎょうじゃくめつ》」

三唱して、三度剃刀《かみそり》を下ろすが、三唱目の偈末には「究竟安楽《くぎょうあんらく》」と唱える。枕経のときに行うこともあるが、枕経じたいに僧侶が立ち会うほうがめずらしいのが東京の葬儀である。

⑤　懺悔文《さんげもん》

「夫《そ》れ善男子《ぜんなんし》（または女人《にょにん》）帰戒《きかい》を求《もと》めんと欲《ほっ》すれば、まず当《まさ》に懺悔《さんげ》すべし。

『我昔所造諸悪業《がしゃくしょぞうしょあくごう》　皆由無始貪瞋癡《かいゆうむしとんじんち》　従身口意之所生《じゅうしんくいししょしょう》　一切我今皆懺悔《いっさいがこんかいさんげ》』」

『　』内を三唱、一唱ごとに戒尺一下《かいしゃくいちげ》。剃髪偈もそうであるが、〝没後作僧〟の儀式である。以下も同様である。

⑥　三帰戒《さんきかい》

「仏祖正伝《ぶっそしょうでん》は禅宗一大事《ぜんしゅういちだいじ》の因縁《いんねん》なり。善男子《ぜんなんし》（または女人《にょにん》）今当《いままさ》に仏法僧《ぶっぽうそう》の三宝《さんぽう》に帰依《きえ》し奉《たてまつ》るべし。一度《ひとたび》帰依《きえ》する時《とき》は、諸《もろもろ》の功徳円成《くどくえんじょう》す。
(男)永《なが》く佳運《かうん》を保《たも》って必《かなら》ず善根《ぜんこん》を植《う》ゆべし。
(女)貞女《ていじょ》の徳《とく》を抱《いだ》いて成仏《じょうぶつ》の因《いん》を作《な》すべし。」

ここまでは、帰依三宝《きえさんぽう》の語である。つづいて、

三帰戒文《さんきかいもん》(三帰依文《さんきえもん》)

『南無帰依仏《なむきえぶつ》　南無帰依法《なむきえほう》　南無帰依僧《なむきえそう》　帰依仏無上尊《きえぶつむじょうそん》　帰依法離欲尊《きえほうりよくそん》　帰依僧和合尊《きえそうわごうそん》　帰依仏竟《きえぶっきょう》　帰依法竟《きえほうきょう》　帰依僧竟《きえそうきょう》
如来至真等正覚《にょらいししんとうしょうがく》、是我大師《ぜがだいし》、我今帰依《がこんきえ》、従今以往《じゅうこんいおう》、称仏為師《しょうぶついし》、更不帰依邪魔外道《こうふきえじゃまげどう》、
慈愍故《じみんこ》、慈愍故《じみんこ》、大慈愍故《だいじみんこ》』

と三唱する。

⑦　法号授与《ほうごうじゅよ》

『夫《そ》れ新帰元《しんきげん》○○○○居士《こじ》（大姉《だいし》）法号《ほうごう》を授与《じゅよ》す。伏《ふ》して願《ねが》わくは今《いま》より以後仏《いごほとけ》を称《しょう》して師《し》となし、深《ふか》く禅定《ぜんじょう》に入《い》りて仏《ほとけ》に見《まみ》えん事《こと》を』

と三唱する。

⑧　三聚浄戒《さんじゅじゅじょうかい》

『今日新帰元《こんにちしんきげん》○○○○居士《こじ》（大姉《だいし》）今身《こんじん》より仏身《ぶっしん》に至《いた》るまで、摂律儀戒《しょうりつぎかい》　摂善法戒《しょうぜんぽうかい》　摂衆生戒《しょうしゅじょうかい》　能《よ》く受持《じゅじ》すべし』

と三唱する。

⑨　十重禁戒《じゅうじゅうきんかい》

『第一不殺生戒《だいいちふせっしょうかい》

第二不偸盗戒《ふちゅうとう》

第三不邪婬戒《ふじゃいん》

第四不妄語《ふもうご》戒
第五不沽《ふこ》酒《しゅ》戒
第六不説《ふせつ》四衆《ししゅ》過罪《かざい》戒
第七不自讃《ふじさん》毀他《きた》戒
第八不慳貪《ふけんどん》戒
第九不瞋恚《ふしんい(に)》戒
第十不謗三宝《ふぼうさんぼう》戒
上来《じょうらい》の十重禁戒　今日新帰元○○○○居士（大姉）今身より仏身に至るまで、当《まさ》に受持すべし』
と三唱。

⑩　亡者授戒回向《ぼうじゃじゅかいえこう》

『上来《じょうらい》、梵網心地戒品《ぼんもうしんぢかいほん》を読誦《どくじゅ》す。集《あつ》むる所《ところ》の殊勛《しゅくん》は、真如実際《しんにょじっさい》に回向《えこう》し奉《たてまつ》り、無上《むじょう》

の仏果菩提《ぶっかぼだい》を荘厳《しょうごん》す。伏《ふ》して願《ねが》わくは、
新帰元〇〇〇〇居士（大姉）霊位
此《こ》の戒筏《かいばつ》に乗《の》って、頓《とん》に苦海《くかい》を超《こ》え、生《しょう》を浄刹《じょうさつ》の中《なか》に受《う》け、正覚《しょうがく》を涅槃《ねはん》の岸《きし》に成《じょう》ず。願《ねが》わくは此《こ》の功徳《くどく》を以《も》って、普《あまね》く一切《いっさい》に及《およ》ぼし我等《われら》と衆生《しゅじょう》と皆共《みなとも》に仏道《ぶつどう》を成《じょう》ぜんことを。
十法三世一切《じっぽうさんぜいっさい》の諸仏《しょぶつ》　諸尊菩薩摩訶薩《しょそんぼさつまかさつ》　摩訶般若波羅蜜《まかはんにゃはらみつ》』
と唱えて、身内の焼香に入る。
焼香中は「観世音菩薩普門品《ふもんぼん》・世尊偈《せそんげ》」「大悲呪《だいひしゅ》（陀羅尼《だらに》）」などを読誦《どくじゅ》して、終われば五分ほどの説法をして退場する。
以上が通夜の執行《しぎょう》で、約四十五分ほどであると、葬家、葬儀社からも喜ばれる。短かすぎず、長すぎずが要諦《ようてい》である。

葬儀の部

翌日の葬儀は早くて十時（午前）挙経《こきょう》（開始の意に使うことがあるが、経挙《きょうお》こしとも言う。経の最初の一句や、題目を唱えることである）で、遅くとも十二時で、一時出棺というのが、普通の時間帯である。

葬儀の時間というのは、火葬場の茶毘の時間から、逆算して行うものである。

東京では火葬場で茶毘にふすが、火葬場のない時代には薪を積み上げて、その上に遺体を載せて焼却した。そういう場所を「山《やま》」といった。その名残が、「山頭念誦《さんとうねんじゅ》」といった呼び方のなかに残っている。

葬儀のあとには、〝告別式〟という故人との〝お別れ〟の儀式があるので、通夜よりも短めに、四十分ぐらいを目途に執行することになる。

その法式・次第を次に掲げる。

① 往生呪《おうじょうしゅ》

『南無《なむ》阿弥陀婆耶《おみとばやー》　哆他伽多耶《ととぎゃとやー》　哆膩耶哆《とにゃとー》　阿弥唎都婆毘《おみりーつぼみー》　阿弥唎哆《おみりとー》　毘伽蘭帝《びぎゃらちい》　阿《お》弥唎哆《みりとー》　毘伽蘭哆《びぎゃらとー》　伽弥膩《ぎゃみにー》　伽伽耶枳哆伽唎《ぎゃぎゃのうしとぎゃり》　娑婆訶《そもこー》』

と三辺唱える。式衆（役僧）が三人に、導師が一人の四人編成の場合は、経中で、引磬《いんきん》（チン）・仙法太鼓（ボン）・鉢（シンバル状のものでジャン）を打ち鳴らしていく。僧侶用語で、「チン・ボン・ジャン」と言っているが、三人で鳴らすのを「片鉢《かたばち》」と言っている。

六人になって、両側（両班《りょうはん》）に並んで鳴らすのを「両鉢」と言っている。

地方でも両鉢（導師を含めて七人）で行うのは「院居士規模」の葬儀である。

しかし、東京になると、「戒名《かいみょう》」は「院居士」でも、勤める僧侶は、独行（一人。僧侶用語で〝チンチン〟と言う。一人では、どうやってみても「チン」としか音が出せないからで、暗に廉い葬儀の意味あいがこめられている。東京は、チンチンばかりである）であるから、鳴るのは引磬の「チン」のみである。

役僧が入っている場合は、一度目は鳴らさず、二度目から、チンボンジャンと、二度鳴らす方式が多い。

こうした、本楽なら「打楽器」と呼ばれているものを、「鳴らしもの」と呼んでいる。

小磬《しょうけい》（ときに大磬）の音が、導師入場から、三拝などの合図になっており、磬子僧の鳴らす音によって、立ち居振る舞いが決まっている。

専門僧堂で習うこと以外に、各山《かくやま》（寺のこと）によって、読み癖という方式の細部の手順が異なってくるので、役僧は、慣れている者どうしでなくては、なかなかできない。

が、東京は独行であるから、自分一人である。

この『往生陀羅尼』は、別名を『阿弥陀陀羅尼《あみだだらに》』とも言うが、暗記をしておく必要がある。経典を読みながらでは鳴らしものが打てないからである。

経典として独立させて、載《の》せてある経典は、ほとんどない。『開甘露門《かいかんろもん》』という、

〝施餓鬼《せがき》（曹洞宗では〝施食会《せじきえ》〟）〟と呼んでいる経典のなかに織り込まれている。

② 音一通《おといっつう》

片鉢《かたばち》以上になると、立班《りっぱん》（班は席のこと）して、「四二三《しにさん》」という法式で打ち鳴らしていくが、独行の場合はできないので、小磬・大磬などを使って、独自の「音一通」を通すことになる。

③ 龕前念誦《がんぜんねんじゅ》

小磬三声《しょうけいさんせい》の後《のち》、壇前《だんぜん》に進み出て、回向文を拡げて（奉書《ほうしょ》を七つ半に折ってあるものに書いてある）読む。役僧のいる場合は、「維那僧《いのうす》」の役目であるが、独行であるから導師が読む。

式場ではいちいち立ち上がるスペースもないので、坐誦《ざじゅ》でよい。そこは臨機応変《りんきおうへん》に行う。

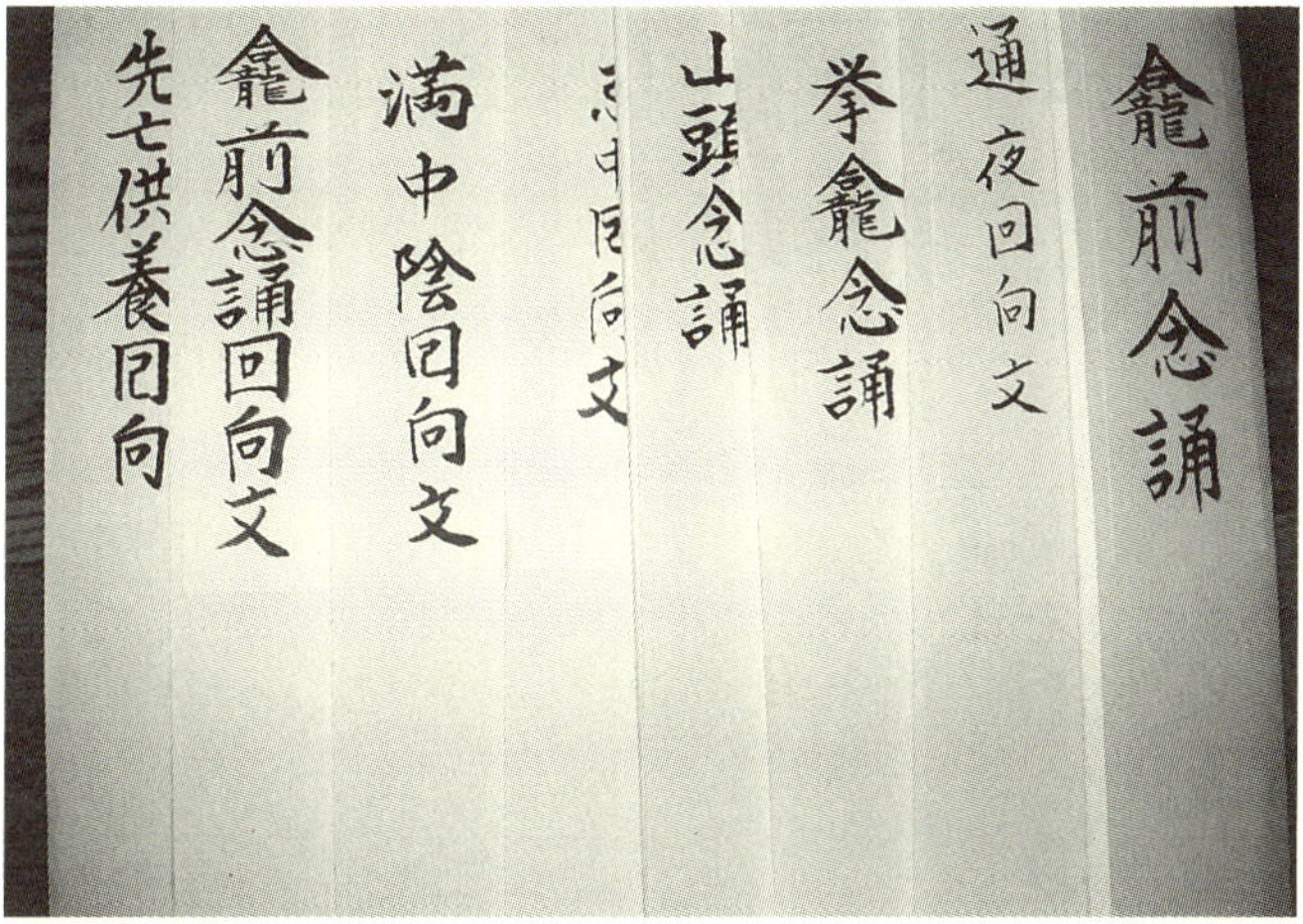

「龕前念誦」等の回向文(上)と、それを拡げて読むところ(下)

「切《せつ》に以《おもんみ》れば生死《しょうじ》交謝《こうしゃ》し、寒暑《かんじょ》迭《たがい》に遷《うつ》る。その来《き》たるや、電長空《でんちょうくう》に撃《げき》し、その去《さ》るや、波大海《なみだいかい》に停《とど》まる。この日即《すなわ》ち、新帰元《しんりげん》〇〇〇〇居士《こじ》（大姉《だいし》）霊位《れいい》有《あ》って、生縁《しょうえん》既《すで》に尽《つ》き、大夢《だいむ》俄《にわか》に遷《うつ》る。諸行《しょぎょう》の無《む》常《じょう》なること了《さと》って、寂滅《じゃくめつ》を以《も》って楽《らく》となす。恭《うやうや》しく龕幃《がんい》に粛詣《しゅくけい》し、諸聖《しょせい(しょう)》の鴻名《こうめい》を誦《じゅ》して、清魂《せいこん》を覚路《かくろ》に薦《すす》ましむ。仰《あお》いで大衆《だいしゅ》を憑《たの》んで念《ねん》ず（または「仰憑大衆念《にゃんぴんだいしゅんにゃん》」）

（独行の場合は「三宝《さんぽう》の照覧《しょうらん》を仰《あお》いで」）

「十仏名《じゅうぶつみょう》」へ（大衆、この場合役僧は、合掌して、唱和。読み癖があるので、それに従う）

『清浄法身毘盧舎那仏《しんじんぱーしんびーるーしゃーのーふー》
円満報身盧舎那仏《えんもんほうしんるーしゃーのーふー》
千百億化身釈迦牟尼仏《せんぱいかーしんしーきゃーむーにーふー》
当来下生弥勒尊仏《とうらいあーさんみるそぷー》
十方三世一切諸仏《じーほうさんしーいーしいしーぶー》

大聖文殊師利菩薩《だいしんぶんじーすーりーぶーさー》
大行普賢菩薩《だいあんふーえんぶーさー》
大悲観世音菩薩《だいひーかんしーいんぶーさー》
諸尊菩薩摩訶薩《しーそんぶーさーもーこーさー》
摩訶般若波羅蜜《もーこーほーじゃーほーらーみー》』

④「大悲呪《だいひしゅ》」を挙《こ》す

⑤ 龕前念誦諷経回向《がんぜんねんじゅふぎんえこう》

「上来《じょうらい》、念誦諷経《ねんじゅふぎん》する功徳《くどく》は、
新帰元《しんきげん》○○○○居士（大姉）霊位の為にし奉る。
伏《ふ》して願《ねが》わくは、神浄域《しんじょうえき》を超《こ》え、業《ごう》は塵労《じんろう》を謝《じゃ》し、蓮《れん》は上品《じょうぼん》の華《はな》を開《ひら》き、仏《ぶつ》は一《いっ》
生《しょう》の記《き》を授《さず》け、再《ふたた》び大衆《だいしゅ》を労《ろう》して念《ねん》ぜんことを。

（大衆合掌して）

『十方三世一切の諸仏　諸尊菩薩摩訶薩　摩訶般若波羅蜜』

⑥　弔辞・弔電

東京では、式場では告別式のときに行うことが多い。

⑦　引導香語

葬儀のハイライトで、導師が作詩した香語を読み「喝《かつ》」の一語にて引導を終える。導師焼香後、その右足が引かれるのを見て、改磬（大磬一声または五声）で、

⑧　「世尊偈」などを挙す。

このときに読誦されるのは「世尊偈」とはかぎらず「首《しゅ》楞《りょう》厳《ごん》神《じん》呪《しゅ》第《だい》五《ご》会《え》」なども読まれるが、経中にて、身内、および一般焼香がなされる。

了而《りょうに》（おえてのち）、

⑨　起龕念誦《きがんねんじゅ》

「霊龕《れいがん》を挙《こ》して、荼毘《だび》の盛礼《せいれい》に赴《おもむ》かんと欲《ほっ》す。仰《あお》いで大衆《だいしゅ》を憑《たの》んで諸聖《しょしょう》の洪名《こうめい》を誦《じゅ》し、攀違《はんい》を用表《ゆうひょう》して、上覚路《かみかくろ》を資《たす》けて念《ねん》ず。十方三世一切の諸仏　諸尊菩薩摩訶薩　摩訶般若波羅蜜」

⑩　音一通

「七・五・三」の打ち流しだが、独行時には省略。

大磬三声で、「合掌、礼拝」で直って、

小磬二声で打ち上げ、導師退場となる。

（了）

葬家側がお別れをしている間に、控え室にて、威儀を改良衣と絡子といった軽いものに変える。火葬場に向かうためである。

式場から玄関前の霊柩車まで、野辺送りの列を組む。了而、用意された車で火葬場へ。

① 炉前ホールで、火炉に遺体が入れられるとき、

② 「大悲呪」
経中で、見送りに来た人たちの焼香。
人数が少ないときは、「舎利礼文」の繰り返しでもよい。
焼香が終わってから、

③ 山頭念誦《さんとうねんじゅ》

「是《こ》の日即《ひすなわ》ち新帰元《しんきげん》〇〇〇〇居士《こじ》（大姉《だいし》）有《あ》って、既《すで》に縁《えにし》に従《したが》って長逝《ちょうせい》す。乃《すなわ》ち法《ほう》によって荼毘《だび》す。百年幻化《ひゃくねんげんけ》の身《み》を焚《た》いて一路《いちろ》涅槃《ねはん》の径《みち》に入《い》らしむ。仰《あお》いで清衆《せいしゅ》を憑《たの》んで霊位《れいい》を資助《しじょ》して念《ねん》ず。

十方三世一切の諸仏　諸尊菩薩摩訶薩　摩訶般若波羅蜜」

このあと、火葬場の別室にて、故人が荼毘されて、拾骨《しゅうこつ》の用意ができるまで待つ。用意ができれば、場内アナウンスがある。

荼毘は約一時間と思えばよいであろう。

④　拾（収）骨

係官が、骨の説明をしたりするため、読経は邪魔になってしまうので、ひたすら待つ。

元の式場に戻る。

こぢんまりと片づけられた感じの部屋で、

① 安骨《あんこつ》・安牌《あんぱい》諷経《ふぎん》

このときに、白木の位牌に書かれた「新帰元」の頭文《かしらぶん》のあるものから、ないものに、戒名札を貼り換える。このため、戒名札は二枚用意しておく。

② 短めの経典を読誦

③ 安骨諷経

「上来（経名）を諷経する功徳は

〇〇〇居士（大姉）のためにし奉る。

安骨の次いで報地を荘厳せんことを。

十方三世一切の諸仏　諸尊菩薩摩訶薩　摩訶般若波羅蜜」

このあと、つづいて前倒しの初七日忌法要を行うことのほうが多いので、

①　白隠禅師坐禅和讃

を読誦後、

②　先亡供養回向

「浄極《じょうきわ》まり光《ひかり》通達《つうだつ》し寂静《じゃくじょう》にして虚空《こくう》を含《ふく》む。却来《きゃらい》して世間《せけん》を観《かん》ずれば、猶《なお》夢中《むちゅう》の事《じ》の如《ごと》し。仰《あお》ぎ冀《こいねが》わくは三宝《さんぽう》俯《ふ》して昭《しょう》（照）鑑《かん》を垂《た》れ給《たま》え。家門《きゃ(か)もん》今月今日《こんが(げ)っこんにち》伏《ふ》して（法号）霊位《れいい》初七日忌《しょなのかき》の辰《しん》に値《お》う。虔《つつし》んで香華灯燭茶菓浄《こうげとうしょくさかじょう》饍《しゅう》を備《そな》えて以《も》って供養《くよう》を伸《の》ぶ。恭《うやうや》しく現前《げんぜん》の清衆《せいしゅう》を請《しょう》じて同音《どうおん》に（経名）を諷誦《ふじゅう》す。集《あつ》むる所《ところ》の功徳《くどく》は（法号）霊位《れいい》のため

に報地《ほうち》を荘厳《しょうごん》し奉《たてまつ》る。伏《ふ》して願《ねが》わくは生死《しょうじ》の流《ながれ》に処《しょ》し驪珠《りしゅ》独《ひと》り滄海《そうかい》に輝《かがや》き涅槃《ねはん》の岸《きし》に踞《きょ》して桂輪《けいりん》孤《ひと》り碧天《へきてん》に朗《ほが》らかに普《あまね》く世間《せけん》を導《みちび》きて同《おな》じく覚路《かくろ》に登《のぼ》らんことを。

十方三世一切の諸仏　諸尊菩薩摩訶薩　摩訶般若波羅蜜」

了而（終わって）、大磬三声、合掌、礼拝し、その後、二日間の感想など、一分ほどのあいさつをして辞す。

葬家は、このあと会食をする。以前は同席を頼まれたが、最近では、食事がないのが普通になった。

以前は、僧侶に食事をさせることが、大切な供養になると思われていたのだが、現代は、ここも合理的に省略するようになったので、辞するのがよい。

以上が、東京における、スタンダードな、葬儀の形式である。

もちろん、くどいようだが、宗派、地域差によって葬儀の形式は大きく変化するものである。

以上の形式は、スタンダードとはいっても一例にすぎないことを、再度申しあげておきたい。


こうして、葬制までを終えたあとにくるのが「墓制」の問題である。

2　墓制について

墓制について、その起源をよく顕わしているのに「葬」という文字がある。

「葬」は会意文字で、三つの部位からできている。

「廾（草）」の上に「死」体を乗せて、「艹（草）」を被せたのが「葬《ほうむ》」るということである。

ありていに言えば、野ざらしであったということである。

その次には「掩葬《えんそう》」というものがくる。

草の上に寝かせた死体に土をかけただけのもので、これを「掩土《えんど》」という。

現在でも、一部の地域では「土葬《どそう》」が行われているが、そのときに、墓穴に土をかけて戻すのを〝掩土〟と呼んでいる。

掩土は、死体に情をかけずに、乱暴に行うのが、習俗的作法である。下手に情をかけると、死体が、ゾンビのように這《は》い出すと思われていたころの名残である。

「家族葬」での、〝家族力〟の主題は〝愛〟であっても、死体には、生者に恐怖を与える側面がある。

それを作詩したものが「九相詩《きゅうそうのし》」である。

弘法大師の作と、蘇東坡《そとうば》の作の二種があると言われている。人間の死体が、どのように変容していくかを、具体的に、冷静に述べたものである。

次のように箇条書きにできるのである。

①張相《ちょうそう》（体内の腐敗によって、ガスが充満して、体が膨張《ぼうちょう》する）
②壊相《えそう》（皮膚が壊《こわ》れてゆく）
③血塗相《けつずそう》（腐って膿《うみ》が出てくる）
④膿爛相《のうらんそう》（膿《うみ》が流れ出す）
⑤青瘀相《しょうおそう》（血が青くなる）
⑥噉相《かんそう》（犬や猫に喰われる）
⑦散相《さんそう》（手や足や頭が、バラバラになってしまう）
⑧骨相《こっそう》（白骨だけが残る）
⑨焼相《しょうそう》（焼く）

このなかの「焼相」は、仏教が渡来してから、焼却されるという〝文化葬〟になっているので、別枠に置く要がある。

沖縄地方には、固有の民俗があって、洞穴などに遺体を置き、⑧の「骨相」になったときに「洗骨《せんこつ》」といって、骨を洗ってやる風習があった。これを行うのは、長男の嫁の役目となっていた。

これを図像化したものに、「九相観図《きゅうそうかんのず》」というものがある。

話が私事にわたるが、私どもの寺「願行寺《がんぎょうじ》」には、伊豆ペット霊園が、付属している。

ペット用の火炉が備えてあって、私自身や、家内が消却している。焼却中に、火炉内部の様子を見る必要がある。バーナーの炎の調節をするためである。

焼却されている最中というのは、人間も動物も変わりはあるまい。

一番焼却が遅いのは腹部である。水分が多いためである。

とくに腫瘍《しゅよう》や、癌《がん》のあった部分は固《かた》まりになって、なかなか燃えない。おそらく人間も、そうであろう。この世での、最後の最後の瞬間である。

正直に言って、この部分にまで、人間の死を想像いたして、なお肚《はら》を据《す》えて、「家族葬」を考えるべきである。

下手に流行に乗って施行すれば、心に怪我を負うことになるのではないだろうか。蛇口をねじれば、水が出る。栓をねじれば、ガスが出る。スイッチを押せば、電灯が点く。しかし、その向こう側には、ダムがあり、浄水場があるし、ガスタンクがあり、発電所、変電所という見えない現場があるのである。

人間は、臨終後、病院で「終末医療」を受けて、瞼《まぶた》を閉じ、口を閉じられ、鼻孔《びこう》・耳孔《じこう》・肛門に綿を詰められて、体液が流れ出ないようにし、筋肉が固まらないうちに顎骨《がくこつ》や唇を塞《ふさ》いで、「ご苦労様でした」と遺体に敬礼をするまでが病院の仕事である。

この「終末医療」の施せない環境での遺体の葬儀を執行《しぎょう》したことがあった。「クワッ!」と両眼を開き、口も思いきり開いている。〝断末魔〟の形相である。人の死は、あの表情のものも多いはずである。

眠るように死を迎えられる人は幸福なのである。

「終末医療」を受けぬままに「土葬」された死体を〝恐い〟と思わぬ者はいないであ

ろう。

寺に山形出身の〝おじさん〟がいて、いろいろな手伝いをしてくれた。惜しいことに故人となられたが、山形（にかぎったことではないが）に火葬場が完備していない当時、当番で、薪を積んで荼毘にふす係を何度かやったことがあると、その話をしてくれたが、

「酒でも飲まないとやってらんねえ」

と山形訛《なまり》で言ったのを覚えている。

積んであった薪が、炎の回り加減で崩れると、火のついた遺体が、外に転がり落ちるという。それを炎の中に戻して、さらに焼却を続行していくのだが、

「人間の体には脂《あぶら》があるから、それに火が点《つ》いたら、人間じたいが薪になる。でも、全部燃やしきるには時間がかかるよ。村の当番で、何人かでやるんだが、恐いのは恐いよ」

そのために、荼毘する所《やま》は決められていて、結界を張り、四門《しもん》を作る。

東・発心門《ほっしんもん》、西・菩提《ぼだい》門、南・修行《しゅぎょう》門、北・涅槃《ねはん》門とする。
それぞれの門には、「白幡《しらはた》四旒《しりゅう》」の幡《はた》を掲げる。
それぞれに、白地に文字が書かれる。
次のようなものである。

という形状のなかに、
東・「仏《ぶつ》　諸行無常《しょぎょうむじょう》」
南・「法《ぽう》　是生滅法《ぜしょうめっぽう》」

西・「僧《そう》　生滅滅已《しょうめつめっち》」
北・「宝《ほう》　寂滅為楽《じゃくめついらく》」

と書かれる。日本式に、東西南北ではなく、東南西北の順になっているのは、大陸からの影響であろう。仏教渡来以前に、火葬という文化葬の習慣は、日本にはなかった。

幡の文言をつづけると、

「諸行無常《しょぎょうむじょう》　是生滅法《ぜしょうめっぽう》　生滅滅已《しょうめつめっち》　寂滅為楽《じゃくめついらく》」

で、「夜叉説半偈《やしゃせつはんげ》」という経典である。

この世の諸《もろもろ》の行《こと》は、すべて移り変わらぬことはない。人の命も同じで、是《これ》は生滅《しょうめつ》（死）の法《ことわり》である。その生滅《しょうめつ》の法《ことわり》も已《すで》に滅《めっ》した。今は、寂滅《じゃくめつ》を以《も》って楽《らく》と為《な》せ。

と故人に説いているのである。「仏法僧宝」は、三宝《さんぽう》への帰依《きえ》（南無《ナマス》）を顕《あら》わしている。

夜叉《やしゃ》は、薬叉《や(やく)しゃ》とも書いて、梵語ヤクシャの音写で、「鬼」のことを意味している。

人は、死すると一度は、鬼になるという言い伝えがある。

その「鬼」に説いて聞かせている半偈で、〝こと〟は円成《えんじょう》していないので、一偈《いちげ》ではなく、半《なか》ばの偈《げ》ということなのである。

鬼であるから、その新しい魂は、「荒魂《あらみたま》」とか「凶癘魂《きょうれいこん》」として、「和魂《にぎみたま》」になるように、祈り、供養するのである。

これが「昭和」までつづいていた、火葬の原点である。忘れないでほしい。現在、言う人がいないので、あえて触れておきたい。

このことが、ビジネスになってよいのか。「簡単に終わらせようや」でよいのか。「掩葬」の次に、穴を掘って埋めた「土葬」になり、やがて「火葬」が拡まっていった。

3　両墓制ということ

「掩葬」「土葬」のころに、村人たちは、死人が出ると、村から遠く離れた山に、死人を葬《ほうむ》った。

「ホウム」るの原点は「ホフ」るで、抛《ほう》るである。棄葬《すてる》ことである。似たようなことで「ホルモン焼き」というのがある。これはホルモン（内分泌）をさしているのではない。内臓は抛《ほう》るもん、捨てるもんというのを、ことばを転訛させて「ホルモン」とし、「ホルモン焼き」となったのである。

死体の恐怖性から、山奥に捨てたので、これを「埋め墓」といった。

しかし、時間の経過と、供養の結果、やがては、死者に「恩恵性」を覚えるようになる。当初の「畏怖性」とは矛盾した、精神の変化が顕われる。死の幻妙さである。

当然、故人を、ことあるごとに参詣するのだが、山奥ではいかにも不便である。

そこで、里に、「詣《まい》り墓《ばか》」を造った。「山墓」「里墓」という言い方もある。要は「両墓制」で、里墓の傍らにお堂を建てて、僧侶を乞うて、住してもらい、寺院とした。

それまでは、農村では「山神社」と「水神社」、あるいは地蔵菩薩にまちがえられるが、野仏、石仏として「田の神さま」を祭祀していたところに、寺院が建立されたのである。民意によって創建された寺院である。そこに祖先を祭祀した。

民衆仏教の原点である。

それが菩提寺となっていった。里墓は「共同墓地」となっていった。現在でも、共同墓地は多くの地方に見られる。共同墓地といっても、無縁墓の合葬ではない。

僧侶のいない寺は、世話役がこれに代わって寺を維持してきた。僧侶が来ると、世話役は檀家総代となっていった。

日本の多くの地方に、こうした「両墓制」が見られるのは、民俗学的におもしろい。

同様に、誕生時には「産屋《うぶや》」、死には「霊屋《たまや》」があった。「霊屋」は「殯制」で用いられたものである。

そうした「死の文化」は大きく、スピーディーに変遷して、現代では、葬儀は、葬儀社が取り仕切り、斎場で施行され、墓は「霊園」に造られるようになったが、忌日法要などは、僧侶探しに苦労することになって、結局は、斎場の法事室を使い、僧侶も探してもらうようになった。

こうした「死の文化」は流行、変遷してよいのである。それで寺院が喪失していくのであったら、役目を終えたことであり、ニーズがなくなったと解すべきであろう。

寺院、僧侶は、詮ないことであるが、一度は激減していくことであろう。それも、時代の流れであり、ニーズの変化によるものである。抗しようもないことだと思う。

4　祭制としての供養

供養の意味は、縷々《るる》既述してきたつもりである。

供養のことは、各種の経典に説かれている。

とくに『法華経《ほけきょう》（サッダルマ・プンダリーカ・スートラ）』には、十種供養等が詳述されており、別名「供養経」とまで言われている。

それほどまでに、供養というのは、信仰に直結した重要なことなのである。

これまでに出てきたことばのなかに、「涅槃《ねはん》」というものがある。四門のなかには「涅槃門」があるほどである。

涅槃というのは、梵語でニルヴァーナで、意味は〝吹き消す〟ということである。

なにを吹き消すのかといえば、〝煩悩の炎〟である。

煩悩とは、人間の世俗的な苦悩のことである。

煩悩のために、もう一度「懺悔文」を掲げてみよう。

「我昔《がしゃく》所造《しょぞう》諸悪業《しょあくごう》　皆由《かいゆう》無始《むし》貪瞋癡《とんじんち》　従身口意《じゅうしんくい》之所生《ししょしょう》　一切《いっさい》我《が》今《こん》皆懺悔《かいさんげ》」

であるが、理解を深めていただくために、和訓で記してみよう。

「我《わたくし》が昔《むかし》から造《つく》った諸《もろもろ》の悪《わる》い業《おこな》いは、すべて始《はじ》めのない遠《とお》い過去《かこ》からの貪《むさぼ》り、瞋《いか》り、癡《おろか》さによって生《しょう》じたものである。そのため身体《しんたい》と言葉《ことば》と意《こころ》から生《しょう》じるすべての行為《こうい》を、我《わたくし》は今《いま》、一切懺悔《いっさいさんげ》いたします」

ということになる。

自分でも気づかない悪しき所行、すなわち煩悩は、ほかでもない、自分自身の身（体）、口（ことば）、意（心）から生じているのであって、誰のせいでもない。

これらの業（はたらき）によって、貪（むさぼり）、瞋（いかり）、癡（おろかさ）という、煩悩の根源を発しているのである。

この根源である煩悩の炎を、吹き消すのであるから、すべての悪業は途絶えて、悟りの境地に到達するということである。

それが涅槃である。しかし、涅槃には、二つの涅槃があって、「有余《うよ》涅槃」と「無《む》余《よ》涅槃」がある。

「有余」「無余」のうちの「余」は「生命」のことである。「生命が有る」うちは、涅槃として悟ってみても、再び、煩悩の炎が燃え上がることがある。ゆえに「悟後《ごご》の修《しゅ》行《ぎょう》」というものを行う必要がある。「すすぎ洗い」と言っている。

対して、「生命の無くなった」悟りは、以降、悪業の心配は一切ない。完全な悟りである。「阿耨多羅三藐三菩提《あのくたらさんみゃくさんぼだい》」(無上正等正覚)を得るのである。

これが「涅槃」である。

その「涅槃門」に対して、「発心門《ほっしんもん》」が、東にある。

これは「発菩提心《ほっぼだいしん》」から二字を取ったものである。「菩提門《ぼだいもん》」というものもある。

菩提は、梵語ボーディ(bodhi)の音写で、道・知・覚と訳すが、仏の悟りのことである。

その仏の悟りに少しでも近づこうという信仰心を発《おこ》すことを「発心《ほっしん》」と言うのであ

る。

この発心を守護してくれるのが「普賢菩薩《ふげんぼさつ》」である。けれども、せっかく発心しても途中で投げ出したり、怠けたのでは、悟りには至れない。

そこで「修行門」が登場する。守護してくれるのは「文殊師利菩薩《もんじゅしりぼさつ》」である。そのため、禅の専門道場の坐禅堂には「僧形文殊《そうぎょうもんじゅ》」（聖僧《しょうそう》さま）が祭祀されているのである。

これで四門の意味がご理解いただけたろうと思う。

故人は、そうした結界の中で荼毘にふされてゆく。故人が、発心・修行・菩提・涅槃を得るためには、葬儀後の「祭制」で、いかに家族たちが、故人を資助していくか、供養をしていくかが問題なのである。このことは、すでに、くどく詳述した。

「祭制」はそのためにある。

家族力は、そこにこそ発揮するべきである。

寺院の門戸は決して閉ざされてはいない。けれども、物情騒然の世相を反映して、寺にも犯罪を仕掛けてくる者が、いくらもいる。用心せざるをえない。悲しいことである。が、現実を無視することは、悲しさを越えた悲惨さを招く恐れがある。ご本尊の仏像を盗まれた例も、何例もある。セキュリティーを考慮しないではいられない時代になった。

しかし、事前に予約すれば、会わないという僧侶はいないはずである。あらゆる相談に乗ってくれるものと信じている。

家族力に、僧侶の力もプラスすることは万全の道なのである。

いつでも、お力になりますとも、ご連絡ください。

第六章　「家族葬」の一形式として

1　決定されていない「家族葬」の形式

「家族葬」の手始めは、手紙・ハガキ・電話・ファックス・eメール等々での、緊急の、故人の友人・知人への連絡である。

その前に、家族の意思の決定と確認が重要である。そこで、「社交性を犠牲にしても、『家族葬』で行う」という、家族の強い意思の確認がなされなくてはならない。後日、普通の葬儀にすればよかった、と家族の誰かが思うようであってはならないのである。

そこで、まず、

①「家族全員のコンセンサス」

②「故人の知人・友人に、アドレスなどを頼りに緊急連絡をする」

文面としては、一例として、

「謹啓　平素は何かとお世話になり誠にありがとうございます。

去る○年○月○日○時○分に、××××（故人の姓名）儀、△△病院に入院いたしておりましたが、薬石の効、これなく、他界永眠いたしましたことを、お知らせ申し上げます。

これまでの故人との篤実なご交誼、本人（当人）になりかわりまして厚く御礼を申し述べる次第です。

本来ならば、通夜・葬儀・告別の席にて、親しくお別れを致して頂きたい所でありますが、故人のたっての希望と、遺言状《ゆいごんじょう》とにより、今回は、家族のみにて喪送いたすようにという故人の遺言を尊重致しまして、御友人の方々一切の御弔問の御厚情、断腸の思いにて、ご遠慮頂きますよう例外なくお知らせを致しております。不躾とお

陳者

叱りを頂戴いたすのを覚悟の上で、伏してお願い申し上げます。

なお、ご香典、御供花の儀も併せてご遠慮させて頂きますことを、ご理解の上、御寛恕願い上げます。

本来なら御伺いの上、故人の遺言申し述べるところでありますが、何分にも火急のこと故、略儀乍ら書面をもって、訃報、ならびに葬儀の主旨、言上仕りますご無礼、幾重にも深謝申し上げます。取り急ぎお知らせまで。

謹白

平成○○年○月○日

○○○○家代表○○○○

各位　様」

といったような大意の書状でよいと思う。

印刷代や、郵送料を考えると、ハガキで十分であろうと思う。

文字の色は墨ではなく、グレーで印刷するのがよい。郵便局にまとめて運び、料金別納でよいと思う。
住所のわからない人には、電話でしてもよい。
ファックスの場合は、ハガキをコピーに取り、一斉通信機能を使うとよい。
eメールは、文面を同じにして、CCの機能など使って一斉に送ることである。

これで、「社交面」を断つことができる。知らせを受け取った相手も、故人の遺言である以上、第一位に優先されることであるから、驚きはしても、怒るにまではいたらないのが普通である。

次には、会場の選定であるが、「家族葬」であるから、それにふさわしい規模の会場を借りることだ。最近の大手葬儀社では「家族葬」「ファミリー葬」「リビング葬」の用意をしているところが増加してきている。
葬儀社と相談のうえ、適した場所を決定する。

次に「湯灌《ゆかん》」をするかだが、湯灌とは「ユカハアミ（斎川浴）」の転訛で、納棺する前に死体を清めることで、最後の入浴で故人を清めることであるから、できるならしたほうがよい。故人の姿が見違えるように、清浄に美しくなるからで、「死に化粧」もほどこしてくれる。

さて、どのような儀式にするかである。

これの会場図は既述した。一つだけ言いもらしたが、導師の背後に祭壇を作らずに、ご本尊を、柩の枕元に当たる、導師机の前に置けば、導師が、ご本尊にお尻を向ける違和感はなくなる。古くの臨済宗では、ご本尊があっても、前を向いて行った。私の師匠がそうしていたので、私もそのようにしているから、私自身はまったく抵抗がない。

「ご本尊になり代わって執行しているのだ」

と師匠に教わった。

ただし、通常、遺体は、まだ不浄のものとして、本堂には入れない。骨になってから葬儀を行う。「骨葬」であるので、浄化されたとして、本堂で執行できる。

会場で、本尊を枕元に置いたほうが、祭壇用の経費が浮く。

祭壇に代えて、釈迦涅槃像を懸けてもよい。

本尊が画像の場合にはできないが、木像の場合には、源信の『往生要集』の「臨終の行儀」のとおりのことができる。これは感動的であり、儀式のなかに取り入れたらよい。

2　本尊・故人を結ぶ五色の糸

五色の糸は、「別離《べつり》の振鈴《しんれい》」または「引摂《いんじょう》の糸」とも言う。

① まず、本尊の背を故人に向かせる。この場合、本尊像が「坐像」でもかまわない

が、できれば「立像」のほうがよい。

② 本尊の手首に、「青黄赤《せいおうしゃく》 白黒《びゃっこく》」の五色の糸を結ぶ。

その糸を故人に握らせる。実際には、すでに指を組み数珠を持っていることが多いので、手首に巻きつけて、最後に一色一個の小さな鈴をつけて、家族の各人が五個を一度に一回鳴らしてゆくのである。

これを「別離の振鈴」と名づける。

こうすることで故人は、「五色の糸」によって、「極楽世界」に「引摂《いんじょう》」されていくことになる。

「引摂」は「引接」とも表記するが、『広辞苑』によると、①仏が衆生を引き導くこと。②臨終に阿弥陀如来が来迎して極楽浄土に導くこと。

とある。『往生要生』では②を説いている。

これに反対の方はおいでだろうか？

本尊に鈴のついた五色の糸を結んでおき、その糸を家族の二人ほどで、故人の手首に巻きつけて、両端を右三個・左二個（反対でもよい）と柩の外に垂らして、お別れをしながら小さな鈴を振鈴してゆくのである。

鈴の音色は邪気を払うとされている。

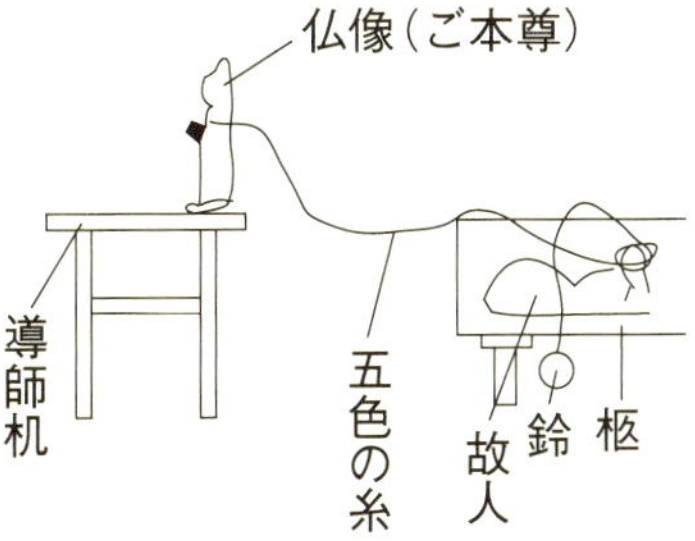

別離の振鈴図

3 「遺影式」

一寺の住職の葬儀を「津葬《しんそう》」という。このときに「掛《け》真《しん》」ということを行う。掛《け》真《しん》師《し》が、「頂相《ちんそう》」と呼ばれる、掛け軸にした肖像画を中央に掛けるのである。

これを「遺影式」として、遺影に幕を掛けておき、除幕するのである。もちろん、家族（喪主）がよいだろう。

津葬の「津《しん》」は、港という意味である。現在でも、津《つ》という町は多くあって、大津とか、津島などもあるが、ほとんどは港町か、港町であったところである。「これから、故人（住職）が、津《みなと》を出発する」というほどの意味である。

4　献灯

ローソク二本は点けないでおく。それを家族が点灯・献灯してゆくのである。

5　献花

家族が数本の花を柩に入れる。そのときに、ほかの家族は、遺体の足もとに花片《はなびら》を散華《さんげ》したらよい。

6　「家族葬送法根本荘厳義」

「家族葬」といえども、信仰の哲学のない儀式を執行するべきではない。その根本義を日常語で、簡明に説いたものである（248〜250頁）。これを導師が淡々と読んで聞かせる。家族は合掌して聞くのである。

7　『中有隘路救度祈願経』読誦

木魚を入れて、普通の経典のように読む。同経については、その意味と、全文を既述している（143〜147頁）。

8　「大宝楼閣善住秘密根本陀羅尼」読経

9　『仏説六方礼経』読経

（この経については125～129頁に「略義」を載せてある。）経中で、故人に焼香をする。

10　通夜回向文

といった、これまでとは、ガラリと異なった「家族葬」の法式を僧侶が行っていく。

その法式・次第はこれから順次述べていくが、先に述べた一般の葬儀と、よく点検比較してほしい。

家族の思いを汲んで、できうるかぎり、家族参加型とした。

ご批判を浴びるのは、十分覚悟のうえである。

しかし、誰かが、そうした式次第を創らないかぎり、「家族葬」は名前だけのものとなり、やがて、流行として、いつか心のない無定形のものとなってしまうだろう。

そうならないために、駄坊主が撰述した法式・次第集を、次章に載せることとする。

この法式・次第集を載せるために、本書は執筆されたといっても過言ではないのである。

第七章 「家族葬」葬儀法式要集 私(独行)

通夜の部

① 房中作法　　如常

② 入道場　　如常

③ 壇前作法　　如常

④ 本尊安置（仏像または画像）

三帰礼文

『ブッダム　サラナム　ガッチャーミー

一拝

ダンマム　サラナム　ガッチャーミー
サンガム　サラナム　ガッチャーミー
一拝
一拝　』

⑤　本尊奉請

『一心に請じ奉る。無辺の仏宝、海蔵《かいぞう》の経文《きょうもん》、十地《じっち》三賢《さんけん》、五果《ごか》四向《しこう》、同じく感降《かんごう》を垂《た》れて、共《とも》に証明《しょうみょう》を作《な》し給《たま》え。』

⑥　説明

導師（以下「導」と記す）（語調を変えて、日常語で、出席者に説明する）「此の場、此の道場に、すでにお招きしたご本尊は、故「俗名（実名《じつみょう》）」殿のために、御手を差し延べておわします。故「俗名（実名）」殿が、少しでも速く、御仏のお側に参り、仏と成る、成仏への道を歩んで頂くために、お招き致したのです。故「」殿は、私たちの知らない異次元に誕生したばかりの赤ちゃんなのです。ご家族の皆さん、どうか、故人に手を貸して上げて下さい。手を貸すとは応援をすることです。供養をして差し上げることです。只今から、その供養の始まりの通夜式を開始いたします。」

と述べて、つづいて本尊に長香を立て、

さらに焼香してののちに、

導「お香の香りと烟《けむり》は、仏様への信心のお使いを致します。すべてを清浄化する功徳を持っているのです。

そこで、ご家族の皆様も、私とご一緒にご本尊様に、故「　　　」殿の安楽を心からお祈りして、ご焼香をして下さい。ご焼香は、丁寧に一回で結構でございます。」

と案内をして、角香炉を回す。

焼香中に、

「焼香念誦」

『戒香《かいこう》、定香《じょうこう》、解脱香《げだつこう》。光明《こうみょう》雲台《うんたい》遍法界《へんほっかい》。供養《くよう》十方《じっぽう》無量仏《むりょうぶつ》(法《ほう》・僧《そう》)。見聞《けんもん》普薫《ふくん》証《しょう》寂滅《じゃくめつ》。』

三回唱う。

焼香、了而《りょうに》(終えてのちに)、

導「それでは次に、故「　　」殿を極楽浄土に引摂していただくために、ご本尊様の御手に結ばれた、青黄赤白黒の五色の糸を、故人の手に巻きつけて下さい。五つの鈴は、三つと二つに分けて、柩の外に出して下さい。そして、お一人ずつ、一回ずつ両側で鈴を鳴らしてあげて、故人を好い気持ちにさせてあげて下さい。」

と教えて、

「引摂念誦」

『大論《だいろん》に曰《いわ》く。仏の御手《みて》より出《いで》し、五色《しき》の糸に導かれ、善《よ》く逝《い》くは、南無極楽世界《なむきらしーかい》、大慈大悲阿弥陀仏《だいずだいひおみとーふー》。伏《ふ》して願わくは、故「　　」殿、安楽に住し、その妙体《みょうたい》は法《ほっ》界《かい》、本源《ほんげん》の空海《くうかい》に入《い》り、無上の仏果菩提《ぶっかぼだい》を荘厳《しょうごん》して、人天果報《にんでんかほう》を得《え》し群生《ぐんじょう》と同じく種智《しゅち》を円《まど》にせんことを。

南無極楽世界《なむきらしーかい》、大慈大悲阿弥陀仏《だいずだいひおみとーふー》。

南無極楽世界、大慈大悲阿弥陀仏。

南無極楽世界、大慈大悲阿弥陀仏。』

　と唱えている間に、家族、鈴を鳴らし終える。

　了而。

導「それでは、ここで喪主に遺影の除幕をして頂きます。寺院の住職の葬儀を津葬《しんそう》と申しますが、その時に行ってきた、掛真《けしん》という厳かな儀式に因んで行われるものです。全員、御真影に向かわれて、合掌、礼拝をして頂きます。」

　喪主、除幕のときに、大磬三声、合掌礼拝。

「除幕念誦」

『沙羅双樹の花、咲き香り、法の灯、輝きわたる、永遠に無明の闇路を照らし、ともに真如の光を仰ぐ。

仰ぎ冀わくは三宝俯して昭鑑を垂れ給え。

「　　」家、「　　」殿の尊容、即今、法界に至る羅網を揚ぐ。

仏光と家族一同の供養力あって、現前す、色身の御影、驪珠、桂林の如く円ならん。唯だ願わくは、この一夜の願望悉く、故「　　」殿の寂滅を荘厳せんことを。

十方三世一切の諸仏　諸尊菩薩摩訶薩　摩訶般若波羅蜜』

導「ここで、故人にお花を捧げて下さい。」

と献花を促す。

「献花念誦」

『釈尊入滅のとき、悲嘆の余りに四囲の花々も散り果てなん。故に弟子ら紙を以って花を造り捧げし故事あり、これ四華のはじめなり。花は御仏の慈悲の心なり。花を捧ぐる思い至心に輪転して、家に栄あり、花の心、無尽法界に充満弥綸《みりん》せらん。唯だ願わくは、この功徳を以って、成仏の因を成すべし。』

次に、ローソクを点しておかなかったものに、献灯を促す。

導「ここで献灯をして頂きます」

「献灯念誦」

『世尊釈迦牟尼仏、転法輪の時、老優婆夷《うばい》身あって、貧者の一灯を捧ぐるの故事あり。その灯火、人天果報の世界を照らせけん。「　　」家一同の力を以って点じたる灯火「　　」殿の霊位に必ずや通達せん。灯燭は御仏のお智慧なり、釈尊も微笑して、これを受くること疑義あることなし。是《こ》の功徳、積功累徳《しゃっくるいとく》し、故人「　　」殿の余慶、雲孫に及ばん。唯だ願わくは、この功徳を以って仏に見《まみ》えんことを。』

了而。

「世尊偈」読誦。

了而。

「通夜回向文」

のち、五分ほどの説法。

小磬二声して、
導師退場。

なかで、法号授与（戒名をつけること）あれば、「世尊偈」の前に如常にて授与のこと。

葬儀の部

葬儀に関しては、従来の法式を大きく崩す必要はない。没後作僧の儀礼がほとんどないからである。

したがって、次に述べるような次第になる。

「往生陀羅尼」三辺
「音一通」
「龕前念誦」
「十仏名」
「大悲呪」
「龕前念誦諷経回向」
ここで引導香語となるが、
『六方礼経』荘厳義日常訳

家族葬送法根本荘厳義（日常訳）

記　荊覚心　謹述

「『仏説六方礼経』という経典で釈尊は、家族のことを東西南北上下の六方に配当して詳細に説いておられます。霊鷲山のお説法で『仏説父母恩重経』という経典も説かれています。経典中で子供の産みの苦しみと誕生の瞬間の父母の歓喜を顕わし養育の苦労をも説かれて家族とはどのようなものかを説き、父母の恩の重きことは天に極まりがないように高く尊いことを述べておられます。経中でアーナンダという十大弟子の一人が「我ら出家の子はいかにして父母の恩に報いたらよいのか」と問います。釈尊は「孝養の一事には在家出家の別はない」と答えます。そしてこの経を持念する者はこの世での大きな数々の罪も消えて悟りを得ると説きます。それのみか菩提心を啓発すると述べるのです。こうしたことから、今、永遠の眠りに就かれた故「　」殿は、こうしてご家族ご一同に見守られておられます。その家族の功力《くりき》を一つに合わされて哀悼の至誠を示されるならば、故人は死すれども滅んだわけではなく、寂《しずか》かになられたといっても、みなさんのもとを去られたわけではありません。それは二つとない妙《たえ》なる身心だからです。故人はどうしたのだろうと詮索してみても、言葉で言い尽くせるものではないと『瓔珞経』に説かれています。故人は去るのではありません。日常のように常にみなさんのお傍におられます。そのように思念して今後ともご供養をして上げて下さい。そうしたご家族の思いがある限り、没後作僧という従来の葬法となんら変わることなく故人は成仏の道を歩まれるでしょう。然し、みなさんのその思いが不自然で邪悪なものになってしまうと、故人は奇妙な方向への道を選んでしまうでしょう。みなさんお一人お一人に言えることです。そして故人も例外ではありませんが、釈尊も当初は私たちと同じく人間だったのです。私たちも釈尊とどこが違うのでしょう。条件としては同じではありませんか。そう思ったら今こそまさしく故人のために命がけで成仏して下さいと祈ってあげましょう。」

つづいて、「観音世界への出発《たびだち》」。

観音世界への出発

「人の誕生に一切の理由がないように、人間にとっての一番冷厳なる真実である、永遠の眠りにも一切の理由がない。そして、あらゆる人に平等である。これを御仏は、平等性智という五つの智慧の中の一つにおいた。誰もが、ある崇高なる世界から生命を頂戴して、現在世という時空間の中に、その生を享《う》ける。私たちに確たる記憶はないのだけれども、その、ある崇高なる時空間を法界と呼ぶことにしよう。神仏のみが知覚し得る世界で、人知の及ぶ世界ではない。私たち、生きとし生ける者は、すべて法界から、神仏に誘われて、現世に、現身《うつしみ》となって寿ぎの生と共に生まれ、個々の個性を発揮して人生という道を歩みつづけて、やがて、元来た道に帰り戻っていく。誰もが同じ道程を辿るのだろうけれども、出発のときには、時差があるようだ。あなたは一足先に逝かれた。惜しみても余りある存在であったことは、万人の認むるところであるけれども、あなたの個性は、また成し遂げられた仕事や、業績の数々は、残像としてではなく、温もりのある事実として、現在も私たちの中に生きている。生を享け現身をこの世におきながら、精神は虚空をさ迷っている者が多くいる中で、あなたは逝きてなお現世での行動の数々の中で、私たちに、あなたの存在を突きつけてくる。逝きてなお生きているのだ。それを記憶とか想い出と呼ぶにしては、そこに含まれている教えは大きく深い。釈尊が法《おしえ》の中で法身として、今なお仏道に荘厳されて輝き光彩を放っているように、あなたも行動と慈愛の深さの中で、円なる鏡の中に映し出されるように、私たちは、自分の自信や勇気やを失い、生きる手段に思い悩んだときに、あなたのことを、観世音菩薩の風光を想うように追慕し、恋慕するに違いない。あなたは今、観世音菩薩に先導されて、成仏への世界に歩んでいるのだ。その消息は、私たちが思い煩うまでもなく、頓《すみ》やかに、蒼き空に白銀《しろがね》に光輝する月輪の如く、清澄なる観音の世界に住しているのだ。苦を抜き楽を与える観世音菩薩、今将《まさ》にあなたは仏に救われて、清浄の法界に住する記を受け安楽の境涯にある。悲しみの涙の向こうに、あなたの笑顔が見える。広大なるあなたの恩情を感謝し、それに報いんことを誓います。ありがとう。」

大磬五声

「世尊偈」

経中焼香

「起龕念誦」

了而、導師退場。

以下、火葬場、および安骨諷経、前倒し初七日忌まで如常。

「葬儀の部」(了)

以上が、「家族葬」の一例である。

あくまでも、導師の見識によって執行されることで、さまざまな法式・次第があってよいのではないかと考えている。

あまり従来の形式から駆け離れてしまっても、「仏教式葬儀」ではなくなってしまう恐れがある。

通夜に重きをおいて、私なりに、法式・次第を考えてみた。葬家・葬儀社・寺院の方々に、固定観念から離れて、「葬儀」のあり方を見直していただければと思い、筆を執った。

「家族葬」の出現は、一時の流行かもしれない。しかし、明らかに、葬家の側からのニーズによって出現した形式である。

無視するわけにはいかない状況になってもきている。

だとしたら、これに対応する必要が、執行する側にも求められて然るべきであろう。

本書に載せた法式・次第は、何度も言うようだが一例にすぎない。

導師のお考えがあれば、それを執行して然るべきである。

それにしても、人間一人の死というものは重たい。これを軽《かろ》んじれば、多くの社会通念が次つぎと変容して、生存のルールまでが変わり、生命の重さまでが軽んじられて、さまざまな犯罪にまで、影響が及んでいくのである。

信仰は、さまざまな生活規範の源泉である。そこが汚れ果ててしまっては、庶民の生活の規範や情感に乱れが生じてくる。

すでにその波浪は、日常のニュースなどに充分に垣間見られる。何宗によらない。今ほど、釈尊の正宗分《しょうしゅうぶん》が必需なときはない。信仰布教の最大の好機は、葬儀のときにある。慈悲深く、家族の身になって、故人を喪送《そうそう》し、釈尊の法《おしえ》を説くことこそ、僧侶の役目である。

そのために、ニーズのある葬儀の法式・次第を準備しておくことは、僧侶の務めの一つであろうと愚考する。

これまでの論は、私の「家族葬」試論にすぎない。宗鼻祖の教えに反すると言われるかもしれない。没後作僧の部分を、そっくり入れ換えている。その分を、家族が参加していく形にしたり、仏が引摂《いんじょう》していくという形式に変えた。仏のもとに逝《い》くのだという不易の部分は変えていないつもりである。

この形式の変化、変更にあたって、改めて諸経の海で溺れかけた。「深入経蔵智《じんにゅうきょうぞうち》慧如海《えにょかい》」という「三帰礼文《さんきらいもん》」の文言は、いかにも重かった。

言い足りなかった部分はたくさんある。しかし、今は「家族葬」に的を絞り、葬儀の意味を多方面から見直し、その意義を説いて、人の死の儀礼の重さを理解していただくことに心を砕いた。説きたい熱心さのあまりに、筆は、政治・経済にまで及んだ。言わでものことと思ったが、政治・経済と、宗教は無縁のものではない。

どなたがお読みになるかわからないのが書物である。

ご高評を仰ぎ、さらなる高見のために資させていただきたいと願っている。

末筆になったが、本書の上梓を快諾してくださった国書刊行会の佐藤今朝夫社長や、読みにくい原稿を編集してくださり、数多《あまた》の助言や、知識を、本書のために傾注してくださった同社の畑中茂氏には深甚の謝意を表する次第である。

『方広大荘厳経（ラリタヴィスタラ）』の中で兜率天から降臨する釈迦（菩薩）は、その族を釈迦族に決するにあたって、「勝族品第三」で六十四徳を説いた。その二十三徳目に、「儀式を行ふことを知る」と釈迦族を選ぶ理を説いている。「家族葬」も「儀式」である。家族の死を心から荘厳してくださることを願ってやまない。

（完）

参考資料一覧

臨済宗喪儀法要集　三浦誠之監修　中居堂経典編集部刊

江湖法式梵唄抄　加藤隆芳・水野泰嶺・森弘宗監修　法式梵唄刊行会・禅文化研究所刊

諸回向清規　貝葉書院板

臨済宗衲観　伊藤古鑑著　其中堂刊

臨済宗和訓回向文集　松浦勝道編　大本山南禅寺刊

臨済宗妙心寺派勤行聖典　臨済宗妙心寺派宗務本所刊

曹洞宗在家勤行聖典　曹洞宗宗務庁教化部編・刊

修証義　桜井秀雄監修　中居堂出版部刊

曹洞宗葬儀要集　桜井秀雄監修　中居堂出版部刊

臨済宗在家葬儀　臨済宗妙心寺派教化センター布教伝道室編　臨済宗妙心寺派宗務本所刊

臨済宗檀信徒葬儀法　禅文化研究所編・刊

ほかは、本文中で出典を明示しているので、ここでは省略する。各先達大徳の智慧の果実を拝借申し上げましたこと、改めて深甚の謝意を申し述べる次第である。

牛込覚心（うしごめ　かくしん）

略　歴

昭和十五年（一九四〇）東京・浅草に生まれる。昭和四十五年、牛次郎《ぎゅうじろう》の筆名で作家としてデビュー。昭和五十六年、野性時代新人文学賞受賞。昭和六十一年、臨済宗妙心寺派医王寺にて出家得度。同寺学徒。平成元年、静岡県伊東市に、転法輪山願行寺を建立、開山。平成八年、願行寺、文部大臣認証の単立寺院となり、管長兼住職となり現在に至る。

著　書（仏教関係の主なもの）

『生と死の般若心経』（スコラ社）『生と死の観音経』（東明社）『心をこめた先祖供養』『自然《あるがまま》体の般若心経』（ベストブック社）『自然体で生きる』（産能大出版）『臨終』（カッパブックス・光文社）『霊魂の書』（ノンブックス・祥伝社）『臨済宗枕経・通夜・忌日説法』『葬式の探求』『墓埋法・墓地改葬の探究』『坊さんひっぱりだこ』『霊性の探求』『話の泉一休さん一〇〇話』『沢庵和尚心にしみる88話』（国書刊行会）など多数。

現住所（〒四一三―〇二三一）
伊東市富戸一一六四―七　転法輪山願行寺

新たなる葬式の波　家族葬

平成一九年六月二〇日　初版発行

著　者　牛込覚心
発行者　佐藤今朝夫
発行所　株式会社　国書刊行会
〒一七四―〇〇五六
東京都板橋区志村一―一三―一五
TEL　〇三（五九七〇）七四二一
FAX　〇三（五九七〇）七四二七
http://www.kokusho.co.jp
E-mail:info@kokusho.co.jp
組版印刷　明和印刷株式会社
製　本　株式会社ブックアート
落丁本・乱丁本はお取替え致します。
ISBN978-4-336-04942-1 C3015

葬式の探求

牛込覚心　現代の葬式の諸相を考察し、人の死にまつわるものの中で永遠に変えてはならぬもの――死者の霊魂を鎮め浄化し、癒し供養することを中心に論を展開。

二六二五円

霊性の探求

牛込覚心　霊はあるのかないのか、これは葬儀の根幹に関わる重大事だが、いまだに明快な解答はない。この古くて新しいテーマに、一仏教僧として真っ向からいどむ。

二六二五円

墓埋法・墓地改葬の探究　付・墓埋法（墓地、埋葬等に関する法律）・施行規則

牛込覚心　住職としての実体験にもとづき、墓埋法あれこれと申請のコツ、墓地改葬の成功の秘訣などを公開したノウハウ満載の書。最新の墓埋法・施行規則を付す。

三一五〇円

「お寺さん」出番ですよ

牛込覚心　実体験をもとに住職・副住職にエールをおくる。お寺が繁栄するヒント満載。寺院本来の役割から今日的なあり方まで、わかりやすく具体例をあげて説く。

二六二五円

＊表示価格は税込

一休さんの般若心経提唱

牛込覚心

一休は「文字般若」に対し「こころ般若」を説く。「文字般若」にとらわれない「こころ般若」の大切さを77節に分けて提唱。見事な読誦経典ともなっている。

二四一五円

沢庵和尚 心にしみる88話

牛込覚心

たくあん漬で有名な沢庵和尚には、さまざまな顔がある。剣禅一如を説く禅僧、大徳寺を三日で辞す反骨の人、心にしみる法話の名人、それら全体像を明かす。

一九九五円

功徳はなぜ廻向できるの？ 先祖供養・施餓鬼・お盆・彼岸の真意

藤本 晃

自業自得であるはずの仏教で、なぜ布施などの善行為による功徳を故人にふり向ける（廻向する）ことができるのか、その真相を『餓鬼事』などにより明かす。

一二六〇円

お布施ってなに？ 経典に学ぶお布施の話

藤本 晃

「あげる」「してあげる」――お布施を人生における修行としてとらえ、その諸相を初期仏教経典から学ぶ。また、現代的な疑問点をQ&Aで具体的に示す。

一五七五円

＊表示価格は税込